UĞUR KOS



# ALLAH
# ÖTESİNİ BIRAK
# -2-

## NİYET

DESTEK YAYINLARI: 530
TASAVVUF: 15

**ALLAH DE ÖTESİNİ BIRAK -2- / UĞUR KOŞAR**



*İmtiyaz Sahibi:* Yelda Cumalıoğlu
*Genel Yayın Yönetmeni:* Ertürk Akşun
*Yayın Koordinatörü:* Erol Hızarcı
*Editör:* Kemal Kırar
*Kapak Tasarım:* İlknur Muştu
*Sayfa Düzeni:* Cansu Poroy

Destek Yayınları: Ocak 2015
Yayıncı Sertifika No. 13226

ISBN 978-605-9913-34-8


Harbiye Mah. Maçka Cad. Narmanlı Apt. No. 24 K. 5 D. 33 Nişantaşı / İstanbul
Tel.: (0) 212 252 22 42
Fax: (0) 212 252 22 43
www.destekyayinlari.com
info@destekyayinlari.com
**facebook**.com/ DestekYayinevi
**twitter**.com/destekyayinlari
**instagram**.com/destekyayinlari

İnkılâp Kitabevi Baskı Tesisleri
Matbaa Sertifika No. 10614
Çobançeşme Mah. Altay Sok. No. 8
Yenibosna – Bahçelievler / İstanbul
Tel.: (0) 212 496 11 11

UĞUR KOŞAR

# ALLAH DE ÖTESİNİ BIRAK -2-

## NİYET

# İÇİNDEKİLER

Rahman ve Rahim olan Allah'ın adıyla başlarım. Bu kitabı yazmayı vesile kılan Rabb'ime, verdiği lütfundan dolayı hamdü senalar olsun.

"Ben bir kulu sevdiğim zaman onun işiten kulağı ve gören gözü olurum. Artık o, (konuşurken) Benimle (kelamım ve hükmüm) konuşmaya ve (baktığı her şeyi) Benimle (verdiğim özel bir görüş) görmeye başlar."

Bu kitabı yazan Uğur Koşar sadece aracıdır, vesiledir; Lütuf ve Rahmet tamamen Allah'ındır...

Bir bakmışsın hayat, hayallerini almış elinden... Demek ki Allah (cc) sesini duymak istedi. Kalbini ve elini açarsın hemen ve sığınırsın seni yoktan var eden Hâlik'e. İşte bu buluşma ne güzel bir buluşmadır... Kalbin gerçek aşkına kavuştuğu andır.

Allah (cc), sorundan önce çözümü hazırlar; yeter ki sen umudunu kesme!

Biten bir şey için üzülme, kader sana daha iyisini hazırlamıştır; sadece zihnin geçmişe takılı bırakmak ister seni. Artık her şeyin farkındasın. Şükret ve yoluna aşk ile devam et...

**Kötülüğe ve fesatlığa niyet edersen kötülük,**
**Sevmeye niyet edersen sevgi.**
**Neye niyet edersen onu bulacaksın…**

**"Herkesin niyeti ne ise eline geçecek odur."**
Hz. Muhammed (sav)
(Buhârî, Bedü'l-Vahy, 1; Müslim, İmare, 155;
Ebu Davud, Talak, 11)

**Allah (cc) güzeldir,**
**güzel bakanı**
**sever…**

# UĞUR KOŞAR KİMDİR?

TTS (Theatrical Therapy System) ve Nur Terapisi'nin kurucusu olan ruhsal danışman ve yazar Uğur Koşar; kendisini fıkıh, tefsir, hadis ilmi açısından geliştirmenin yanında; zihin ilimleri olan bilgelik ile sufiliği (kalp gözüyle bakışı) harmanlayarak kendine özgü üslubuyla insanların kendi öz varlıklarıyla buluşmasına, böylece kalıcı bir huzura kavuşmasına yardımcı olmaktadır.

Bütünden yana olan Uğur Koşar, "Bilim ve ilim ayrılamaz, dünya Kur'an üzerine kuruludur" diyerek; zihin, ilim ve psikolojiyi birleştirip terapilerinde başarıya ulaşmıştır.

Uğur Koşar der ki: "Ben sizi yeni bir şeyle tanıştırmıyorum; sadece unuttuğunuz kendi özünüzle tekrar buluşmanıza vesile oluyorum. Yaşam, matematik değil bir şiirdir ve içinde nefes aldığınız bu hayat, beyinlerin gelişmesinden öte, yüreklerin ve ruhun olgunlaşmasıyla gelen bir kutlama olmalıdır."

Böylece, yaşamanın aslında bir sanat olduğunu anlatmaktadır.

Onun görüşüne göre, mutsuz insan yoktur; mutlu olacağına inanmayan insan vardır ve insanları yorgun kılan yaşam değil, taşıdıkları maskeler ve inandıkları kalıplardır.

Uğur Koşar, "Her soru önce kendi cevabını doğurur" sözleriyle, insanların aradığı cevapların aslında kendi derinliklerinde mevcut olduğunu ifade etmektedir.

O, yaşam yolculuğunda insanların kendilerini keşfetmeleri ve kendi derinliklerinde bulunan mevcut cevaplara ulaşmaları adına; onları sadece düşündürmeye, idrake ulaşmalarına ve baktıklarından daha derine odaklanarak Allah'ın kendilerine sunduğu hediyeleri görmelerine-kucaklamalarına yardımcı olmaktadır.

"Yaşam, geçmiş ile gelecek arasında açmış bir çiçektir; onu, sadece şimdiki anın içinde koklayabilirsin.

Kendi hayatını yaşamıyorsan yaşadığın hayat senin değildir!

Dışarıda mucize arama, mucize sensin!

Önemli olan hayatın ne zaman son bulacağı değil, onu ne zaman hissederek yaşamaya başladığındır.

Ben size mutlu olmayı değil, mutluluğa dönüşmeyi gösteriyorum.

Yaradan kitaplarını, peygamberlerini insana göndermişken, cennetinin kapılarını ona açmışken ve sana bu kadar çok değer veriyorken; sen nasıl olur da kendine değer vermezsin!

Sadece yaşamın gerçekliğine uyum sağla, ruhun ağlamaya ihtiyacı varsa ağla, gülmeye ihtiyacı varsa gül; her deneyimi yaşa, kontrol etme... Şayet kontrol edersen, bütün enerjini dışarıya akıtmış olacaksın. Sessiz ol ve yaşamın akışını izle; tefekkürde kal, o akışta gelen her şey bir rahmettir."

Onun bu sözleri, insanlara farkındalık kazandırmaya yöneliktir.

Uğur Koşar, insanlığın temel sorunlarından birini ise şöyle ifade etmektedir:

"İnsanlar isyanda, hayat çoğu için yaşarken bitmiş durumda; çünkü hep başkalarının hayatını yaşamaktalar. Bu hayat onların değil; başka bedenlerde, başka ruhlarda hayat buluyorlar ve onlar gidince hayat da anlamını yitiriyor. İnsanlığın en büyük sorunu budur. Kendi hayatını yaşamıyorsan, yaşadığın hayat senin değildir. Nasıl olabilir ki? O hayat başkasına bağlı ve o gittiğinde yahut ilgisini yitirdiğinde sen de eriyor, tükeniyorsun! Olanları izlediğinde şahit olacaksın ve o zaman varlığın hakikate uyanacaktır."

## UĞUR KOŞAR'IN TERAPİSİ HAKKINDA

**(İnsanların Uğur Koşar'a dünyanın dört bir yanından gelmelerinin sebebi; tıp doktorlarının teşhis koymuş olduğu panik atak, anksiyete, takıntı, özgüven eksikliği ve depresyon hastalarına, ekip arkadaşları ile birlikte tek seanslık görüşmesi ile destek vererek başarıya ulaşmış olmasındandır. İlginize teşekkür ederiz...)**

Uğur Koşar, terapisiyle ilgili şu sözleri dile getirmiştir:

"Öncelikle şunu çok net belirtmeliyim: Terapi görmek için yıllarca uzmanlara, psikologlara gitmiş ama çare bulamamış insanlarla görüşmeyi seçiyorum. Bunu sana kimse söylememiş olabilir; fakat depresyon artık senin aydınlanmanın, çiçek açmanın habercisidir. Bir çiçek tohumunu düşün; tohumun filizlenmesi, çiçek vermesi için nasıl ki artık son derece patlamaya hazır duruma gelmesi gerekiyorsa, insan da depresyondayken çiçek vermeye hazır demektir.

Yahut gebe bir kadını düşün lütfen... Onun doğum gerçekleştirmesi için dokuz ay sürenin geçmesi, artık karnının burnuna gelmesi, bir patlamaya, bir sıkışmaya hazır olması gerekir, öyle değil mi? Yoksa bebek sağlıklı doğmayacaktır. Bebek dört aylıkken doğarsa ölecektir. İşte bu yüzden senin dibe vurman, depresyonda olman benim için son derece güzel bir şey. Bana artık senin çiçek açmana yardımcı olmak, sadece bu negatif enerjini pozitife dönüştürmek kalıyor.

Psikolojik sorun yoktur; sadece zihinsel bir işletim hatası vardır. İnsan, zihnini kullanmasını bilmiyor; çünkü onun kullanma talimatını kimse vermedi! Ben insanlara zihnin nasıl kullanılacağını gösteriyorum ve onlar da kolayca özlerine ulaşıp kalıcı sonsuz huzurla tanışıyorlar, tek sırrım budur.

Burada olduğuna göre uzmanlara, psikiyatrlara gitmiş; ilaçlar almış ama kendi özünle buluşamamış olmalısın. Sana yardımcı olamamış olabilirler; çünkü sen derin bir uykudasın, tıpkı geceleri yatağında uyuduğun gibi... Bu durumda, sana verilen komutları algılayabilir, onları idrak ederek yaşamında uygulayabilir misin?

Hayır, bunu nasıl yapacaksın! Sen zaten bir uykudasın... Uykuda olan hiç kimse dışarıdan verilen komutları rüyasında uygulayamaz. Bu yüzden uzmanlar, insan üzerinde kalıcı bir mutluluk sağlayamamıştır. Kişinin öncelikle derin uykusundan uyandırılması gerekir ve bizim yaptığımız sadece sizin uyanmanıza yardımcı olmaktır; sonsuz huzur ise tıpkı kâbuslu bir rüyadan uyanır gibi kendiliğinden bir anda gelecektir."

"İnsanları yorgun kılan hayat değil, taşıdıkları maskeleridir" diyerek de birçok insanın farkında olmadan takmış olduğu maskelerinden sıyrılarak kendi özüyle buluşmasını sağlayan üstat, şu sözleriyle insanları farklı bakış açılarına yönlendirmektedir:

"Sorun, hiçbir zaman problemler değildir, yaşam yolculuğunda problemler her zaman olacaktır; asıl sorun, zihnin oyununa gelerek problemlerle özdeşleşmemiz, onlara bir mıknatıs gibi yapışmamızdır."

Uğur Koşar, "Mutsuzluk, zeki insanın bilgeliğe dönüşüm aracıdır" diyerek, danışanlarına acıyı bir araç olarak kullandırıp sonra onu sonsuz bir huzura dönüştürmekte ve kendine özel öğretisiyle görüşme seanslarında bunu yaşatarak anlatmaktadır.

Usta, "Dikkatle izlemenizi isterim. Biri sizi üzdüğünde o aslında size sadece bir iğne batırmıştır; öfke, tepki, üzüntü ise sizin içinizden yükselir" diyerek, insanları kendi içine yönlendirip, orada özü merkeziyle buluşturarak sorunların sonsuz bir huzura dönüşmesine; kendine özgü birçok öğretisiyle danışanlarının farkındalık kazanmasına ve bilgelik boyutuna ulaşarak aydınlanmasına yardımcı olmuştur.

Psikologlar, kitaplarını ve terapisini tavsiye etmektedir. Ünlü isimlere, birinci ligden futbolculara, yaşam koçlarına ve doktorlara terapi, psikologlara da eğitim veren Uğur Koşar; görüşmelerini, İstanbul Mimaroba'daki özel çalışma ofisinde yapmaktadır.

Üstadın geliştirdiği TTS (Theatrical Therapy System), tek seanslık olup başarılı sonuçlar edinilmiş bir sistemdir.

***

**İletişim**

**Web:** www.ugurkosar.com

**Tel.:** 0544 863 2662 - 0536 508 7442

## HER ŞEYİ ALLAH İLE PAYLAŞMAK

Her şey yıllar öncesinde başladı...

Yanlış öğretiler bizi Rabb'imize yaklaştırmak yerine adım adım uzaklaştırmaya başlamıştı. Böylece insanlar Allah'a olan bağlılıklarını yitirmeye başladılar. Kul ile Allah'ın arasında kutsal bir bağ olan tevekkül köprüsü yıkıldı...

Ve insanlar şimdi yeni bir uyanışın eşiğindeler.

Bu toplumu görünce mutlu oluyorum; bu toplum gerçekten çok zeki, çok akıllı ve bilinçli... Gerçekten dinini, Rabb'ini tam olarak hissetmeyi niyet etmişler. Böylece, Allah (cc) ile yaşayarak kalıcı bir huzurla buluşacaklarına inanıyorum.

Şehre gelen bir papaz, Müslüman bir çocuğa kilisenin yolunu sorar:

"Yavrum ben yabancıyım; kilise nerede, yolunu gösterir misin?"

"Peki amca" der çocuk ve onu kiliseye götürür.

Kiliseye yaklaşınca, papaz, "Yavrum seni çok sevdim... Şu parayı ve şekerleri al, yarın kiliseye gelirsen sana cennetin yolunu gösteririm." der.

Çocuk şöyle cevap verir: "Peki ama siz kilisenin yolunu bile bilmiyorsunuz; bana cennetin yolunu nasıl göstereceksiniz?!"

Bize de herkes bir şeyler vaat ediyor. Dinimizi maalesef farklı duyduğumuz-öğrendiğimiz için bu noktadayız. Oysa dinde, "bana göre" diye bir şey olamaz! Allah'ın Kur'an'ı var, Peygamber'in (sav) hadisi, sünneti var öyle değil mi?

*Allah De Ötesini Bırak* kitabımızda, Rabb'imize olan bağlılığa vesile olmaya çalışmıştım. Bu konuda hamdolsun başarılı olmuşuz ki binlerce insan olumlu olarak geri döndü. Bu yüzden, ikinci kitabı yazma gereği duyduk. Bu kitapta sana anlatmak istediğim konu, "samimiyet" ve "güzel niyet"tir. Allah'a iyice sarılmak, onun ipini sıkıca kucaklamak... Çünkü Rabb'imiz kulundan bunu istiyor.

O bizlere Kur'an da, **"Allah'ın ipine sımsıkı sarılın"** diye buyurdu. (Âl-i İmrân Sûresi, 103. Âyet)

Rabb'imiz her zaman kullarının kendisine gelmesini istiyor, bunu hatta müjdeliyor.

Talâk Sûresi 3. Âyet'i anımsamanı isterim: **"Kim Allah'a tevekkül ederse, dayanırsa, Allah ona kâfidir."**

Bu ne güzel bir müjdedir... Tabii biz yıllardır, "Kur'an'ı sen anlamazsın; Arapça oku, sevabı al, bu sana yeter" diye yetiştirildiğimiz için, Rabb'imizin bize yakınlığından, merhametinden habersiz kaldık.

Rabb'imiz sana, "Bana omzunu daya" diyor işte, görüyor musun? Hani hep bir omuz aradın ya, hani güveneceğin bir insan... Ama yoktu, öyle değil mi?

Kime güvensen seni yarı yolda bırakmıştı hani! İşte Allah (cc) sana, "Ben buradayım kulum" diyor. "Hep buradaydım. Sırtını bana daya, omzunu bana daya; ben sana söz veriyorum" diyor. "Ben vaadimde duranım" diyor. Sen yeter ki beni fark et.

İşte burada zihin çok kurnaz, tam bir şeytan... İki ses var: "Rahmani" ve "şeytani" ses...

Zihin en zor anında seni isyana sürüklerken, Allah'ın sesini duyamıyorduk. Biz zihnin sesine kulak veriyor ve çıkmaza düşüyorduk. İşte bugün uyanma zamanı. Artık şeytani değil, Rahmani sese odaklanma zamanı.

Çünkü Rabb'in seni bekliyor; O'na sıkıca sarılacağını zaten biliyor. İşte o gün, bugündür inşAllah!

Duhâ Sûresi 3. Âyet, ne güzel de seni beklediğini haber veriyor zaten: **"Rabb'in seni terk etmedi ve darılmadı."**

Hz. Yakub'a (as) soruyordu Rabb'imiz: "Ey Yakub! Seni neden oğlun Yusuf'tan ayırdım biliyor musun?"

Yakub (as) şöyle diyordu: "Ey Rabb'imiz, sen en iyisini bilirsin. Benim bu konuda fikrim yok."

Allah (cc) diyordu ki: "Biz seninle dosttuk Yakub. Dostluğumuz sürerken ben sana her zaman en yakınken, sen bir anda araya korku soktun! Oğlun Yusuf'a kurtların ve diğer oğullarının zarar vereceğinden korktun. Bunu bize niçin yaptın Yakub? Ben sana kâfi değil miydim? Aramıza korku sokarak niçin bu dostluğa zarar verdin?"

Ve Rabb'imiz tekrar soruyordu Hz. Yakub'a (as): "Peki, tekrar seni oğlun Yusuf'a kavuşturdum; bunun sebebini biliyor musun?"

Hz. Yakub (as), yine şöyle diyordu: "Ey Rabb'imiz, sen en iyisini bilirsin. Benim bu konuda da fikrim yok."

Allah teâlâ şöyle diyordu: "Çünkü sen tevekkül ettin Yakub. Eskisi gibi bana güvendin, bana döndün ve sığındın. Sen, **"Ben hüznümü, kederimi sadece Yüce Allah'a arz ederim."** (Yusuf Sûresi, 86. Âyet) diyerek tekrar dostluğumu kazandın... İşte ben de seni oğluna kavuşurdum.

Evet, şimdi bakar mısın Allah'ın kulu ile olan iletişimine... Rabb'imiz senden de bu samimiyeti istiyor.

O bizim Vedûd'umuz, gerçekten sevgiye layık olanımız değil mi?

O bizim Veli'miz, tek dostumuz değil mi?

O bizim Vekil'imiz, tek yardımcımız değil mi?

O halde nedir bu tasan, bu kederin! **Allah de, ötesini bırak...**

Huzurumun iki nedeni vardır, demiştim hatırlarsan. Birincisi, derdimi hüznümü yalnız Allah'a bırakırım. İkicisi ise dönüp de ne oldu diye ilgilenmem, sorgulamam.

Maalesef, insanoğlu olarak birinciyi hepimiz yapıyoruz ama ikincide sorun yaşıyoruz öyle değil mi?

Ve sen en güvenilir olana, Rabb'ine bir kere sıkıca sarılıp dayandığında, artık gerisini düşünmek akla aykırıdır. Ve şimdi bunun farkındasın. Artık eskisi gibi değil, daha idrakindesin...

Hz. İbrahim'i (as) hatırlasana... Nemrud'un ateşine atılacağı vakit, Cebrail (as) geliyordu ve soruyordu: "Bir ihtiyacın var mı? Sana yardım edeyim, ne dilersin" diye.

Hz. İbrahim (as) tevekkül sahibi, dost İbrahim ne güzel cevap veriyordu: "Benim dileğim yalnızca Allah'adır. Ateş onun, nasıl dilerse öyle yapar."

İşte böyle tevekkül ettiği için Allah da ona "Halîl'im (dostum)" dedi ve ateşi serin kıldı.

İşte bu, biz kullara ne güzel bir müjde öyle değil mi? Şimdi bir derdin olduğunda de ki:

***Allah'ım, ben yalnız***
***senden yardım dilerim...***
***Üzüntümü, derdimi sana arz ettim.***

Biliyor musun, Rabb'imiz kerem ve lütuf sahibi Allah'ımız (cc) bize sıkıntı anında bir müjde daha veriyor ve bunu peygamberimiz Hz. Muhammed (sav) hadis ediyor...

İki ses var, diyorduk... Şeytani ve Rahmani. Üzüntü anında Allah (cc) bize bir mükâfat veriyor; fakat biz bu mükâfatı -zihnin sesine kulak verdiğimiz için- hiç isteyemedik. Şimdi, geçmişteki mükâfatlarımızı da isteme vaktidir.

Bu konudaki hadisi sana anlatmak isterim; sonra da duamızı ederiz, olur mu?

Ümmü Seleme (ra) rivayet eder: "Peygamber Efendimiz (sav) konuşurken dinledim. Diyordu ki: 'Herhangi bir kul sıkıntıya düştüğünde, biz Allah'tan geldik, Allah'a döneceğiz. Allah'ım, başıma gelen bu musibetin ecrini (sevabrı, mükâfatı) bana ver ve bundan daha hayırlısını lütfet' derse eğer, Allah teâlâ onu uğradığı sıkıntıdan dolayı mükâfatlandırır. Ve ona kaybettiğinden daha hayırlısını verir."

Ümmü Seleme (ra) şöyle devam etti: "Eşim öldüğünde ben Peygamber Efendimiz'in (sav) öğrettiği gibi dua ettim. Allah bana eşimden daha hayırlısını, Peygamberimizi (sav) eş nasip etti. (Müslim-Cenaiz 4)

Rahmani sese kulak vermenin ruhumuza olan katkısını görebiliyor musun?

Şimdi başına ne musibet gelirse; bu düğmenin kopmasından, trafikte kalmaktan, hakkın alınmasından sevdiğini kaybedene kadar bir sıkıntı olabilir, hemen duanı et. Allah sözünde vaadinde durandır. Hemen, Rabb'im işte sıkıntım var, ben mükâfatı hak ettim, diyerek öğrendiğin bu duanı oku. Ve mükâfatını da bizimle inşAllah paylaşırsın.

Artık sıkıntıya değil, hediyene odaklanma zamanı…

Hani Züleyha, Hz. Yusuf'a (as) meyledip üzerine giderken odasındaki putun üzerini örtmüştü. Yusuf (as) ondan kaçarken şöyle diyordu Züleyha: "Kalbinde zerre kadar da mı insaf yok Yusuf, niçin kaçıyorsun?"

Yusuf Aleyhisselâm, dönüp kendisine şu cevabı veriyordu: "Sen bir taş parçasından ibaret olan putunun üzerini, seni görmesin diye örtüyorsun. Halbuki benim Rabb'im, beni daima görüyor. Nasıl olur da ben, senin isteğine razı olurum!"

Evet, her an Rabb'imiz bizimle, bizi görüyor…

Yeter ki samimiyetinde daim ol. Yeter ki umudunu yitirme. Ötesini bırakmak, budur. Allah hiçbir zaman seni yarı yolda bırakmadı, yeter ki sen O'nun huzurunda, daima O'nun gözetimi altında olduğunun farkında olarak nefes al. Ve anımsamanı isterim, sıkıntının bizi götüreceği yer depresyon değildir; aksine, bu sıkıntı senin dereceni, Allah katında makamını artırır. Bu yüzden sorunlar aydınlanmanın, içsel huzurun habercisidir, derim.

*Şayet farkına varırsan,*
*sıkıntı insanı*
*ALLAH dostu eder.*

***Ey Nefsim! Başına gelen bir musibetten sonra isyan yerine dua etmeye alış; çünkü Allah o duaya cevap verir. Karşına daha güzeli, hayır olanı çıkarır.***

*Şimdi sırtını Allah'a daya*
*ve işlerinin halledileceğini umarak*
*güzelce derin bir nefes al.*
*Nefes için de şükret ki*
*İlahi Aşk'ın huzuru tüm ruhunu*
*sarsın.*

*Allah Kerim'dir. Bir bakmışsın,*
*sana ummadığın yerden hayırlı bir*
*kapı açmıştır.*
*O ne güzel Vekil'dir*

# HAKSIZLIĞA MI UĞRADIN, ALLAH HAKKINI BIRAKMAZ!

Maalesef seanslarımızda şahit oluyoruz... Neredeyse her gelen danışanımız haksızlığa uğramış ve bu da bizi depresif boyuta getiriyor. Şeytan hazır bekliyor zaten, yaşadığımız acıyı -dikkat edersen- Allah bitiriyor, hayat bitiriyor ama şeytan bitirmiyor. Sürekli zihnimiz aracılığı ile vesvese veriyor.

Bir duyduğun olumsuz o cümle hakikattir, bir yaşadığın travma hakikattir. Allah sana ecrini zaten veriyor, biliyorsun artık; bunu ilk kitabımızda anlatmıştım. Seni asıl yoran, şeytanın olayı bitirmemesi. Yani kendi zihnin!

O seni ya geçmişe götürüp âdeta biri bin yapıyor ya da gelecekle ilgili korkutup, kaygılarla panik haline getiriyor. Amacı, yaşam enerjini alıp seni hayattan ve maneviyattan uzaklaştırmak... Zihne dikkat etmeni isterim. Onunla uğraşma, bırak gelsin bakalım ne yapabilecek? Uğraştığın zaman kendini değerli hisseder düşünceler; bu yüzden bırak gelsinler... Etkisiz olduğunu göreceksin.

Hayatında, içinde her türlü sorun var. Haksızlığa da uğramış olabilirsin... Daima anımsa:

***Allah, yarına bırakır ama***
***yanına bırakmaz.***
***İnsanların hakkını almak kolay da***
***ödemek zordur!***

Hani Allah (cc), Musa Aleyhisselâm'a:

"Ya Musa! Sana bir sır bildireyim mi" buyuruyordu.

Musa Kelimullah ise, "Göster Yâ Rabb'i, diye iltica etti."

Allah tarafından, "Ya Musa! Git filan yerdeki çeşmenin başına, kimse görmeyecek şekilde bir yere gizlen ve bekle" emri geldi.

Musa Aleyhisselâm gitti, tarif edilen çeşmeyi buldu ve beklemeye başladı.

Biraz sonra atlı bir adam geldi, atından indi, kendisi su içip atını suladı ve zarurî ihtiyaçlarını tamamlayıp atına bindi gitti. Fakat para kesesini çeşmenin başında unutup da gitti! Çok geçmeden bir çocuk geldi, o da su içti ve yolcunun unuttuğu altın kesesi bağlı olan kemeri alıp gitti. Aradan çok zaman geçmeden bu sefer bir âmâ geldi, abdest aldı ve bir kenara çekilip ibadete başladı. Hazreti Musa, gizlendiği yerden manzarayı buraya kadar takip etti.

Biraz sonra altın keseli kemeri unutan atlı adam geri

geldi. Kemerini çıkarıp bıraktığı yere baktı ki, orada yok. Doğru âmânın yanına vardı ve ona kemerini unuttuğunu, bulduysa vermesini söyledi.

Âmâ: "Görüyorsun ki, iki gözüm de görmüyor. Hem ben keseyi almış olsam yanımda olması lâzım. Bende böyle bir şey olmadığına göre, almış olmam imkânsız" diyerek adamı ikna etmeye çalıştı ise de, adam bir türlü inanmadı ve "Bu altını sen aldın, vermiyorsun" diyerek âmâyı vurup öldürdü. Adam keseyi bulamamıştı ama âmâyı da öldürmüştü.

Hazreti Musa, sırrına vâkıf olamadığı bu hadisenin mahiyetini öğrenmek için Cenab-ı Hakk'a ilticada bulundu. Allah teâlâ, meseleyi şöyle izah buyurdu:

"Ey kelimim Musa! Kemeri alan çocuğun babası, daha evvel o atlı ağanın hizmetinde çalışmıştı ve ağa da onun hakkını vermemişti. Şimdi hakkını almış oldu. Âmâ ise, daha evvel o ağanın babasını öldürmüştü. Sonra gözleri kör olduğu için onu tanıyan çıkmadı ve unutuldu gitti. Ama ben unutmadım ve âmânın ölümünü o adam vasıtasıyla yaparak kısası yerine getirmiş oldum."

Bu hâdise karşısında, Musa Aleyhisselâm secde-i Rahman'a vardı ve Allah'a şükürler etti.

Allah samimi kullarını sever. Tüm kalbini O'na açan kullarınla beraberdir Allah. Gözyaşı döken kullarına ecirler, mükâfatlar verir ve derecesini yükseltir. Sen yeter ki o kapıyı umutla gözetle. Her an Rabb'inden bir hediye, bir çıkış yolu geleceğini düşünerek nefes al.

Senin bu samimiyetini Kerim olan Allah boş çevirir

mi sandın! Ummadık yerden ummadık kapılar açmasını sever Allah. Sevdiği kullarını ezdirmez bizim Rabb'imiz. Dünyayı önüne köle eder de şaşırır durursun.

Bu konuda sevdiğim bir kıssa daha vardır, paylaşmak isterim seninle... Habib Baba kıssasını bilir misin?

4. Murad devrinin gizli, kimsenin bilmediği Allah dostlarındandır Habib baba. Yaşlıdır, fakirdir, gariptir. Fakat Rabb'inin katında da âlemlere denk bir değerin sahibidir.

Yaşlı Habib Baba, uzun bir kervan yolculuğunun sonunda İstanbul'a gelmiştir. Yolculuğunun tozunu, yorgunluğunu atmak için bir hamama gider. Niyeti, şöyle iyice bir keselenip paklanmak, bedenini de ruhuna denk kılmaktır.

Fakat hamamcı, Habib Baba'yı içeri sokmak istemez ve "Bugün" der, Sultan Murad'ın vezirleri hamamı kapattılar, dışarıdan müşteri alamıyoruz."

Habib Baba üzülür... Rica, minnet eder, yalvarır... "Ne olursun; kimseye varlığımı belli etmem, aceleyle yıkanır çıkarım. Bu tozlu bedenle Rabb'ime ibadet ederken utanıyorum." der. Bin bir dil döker...

Hamamcı, ehl-i insaftır, dayanamaz ve kabul eder. Hamamın en sonundaki odayı göstererek, "Baba, şu odada hızla yıkanıp çık; para da istemem. Yeter ki vezirler senin farkına varmasın."

Habib Baba, sevinerek kendine gösterilen yere girer. Yıkanmaya başlar... Bu arada, hamamcının karşısında yeni bir müşteri belirir. Boylu boslu, genç, yakışıklı biridir bu gelen. Onun da görünümü fakirdir... Ama sadece görünümü... İkinci müşteri kılık değiştirmiş 4. Murad'dır. O gün, vezirlerinin topluca hamam âlemi yapacaklarından haberdar olan padişah, merak etmiş, "Hele bir bakalım" demiştir, "Bizim vezirler hamamda, benden uzakta, kendi başlarına ne yaparlar, nasıl eğlenirler?"

Ve bu merak, padişahı tebdil-i kıyafet ettirerek hamama getirmiştir.

Az önce yaşananlar bir kez daha tekrarlanır...

Hamamcı, "Vezirler" der, almak istemez... Padişah ise, "Ne olursun" der, bastırır ve padişah galip gelir... Habib Baba'nın yıkanmakta olduğu odayı göstererek, genç padişahın kulağına fısıldar: "Şu odada bir ihtiyar yıkanıyor. Sen de sar peştamalı beline, gir yanına... Beraber sessizce yıkanın, bir an evvel çıkın..." Ve ekler: "Aman ha! Vezirler varlığınızı bilmesin!"

Sonra, 4. Murad da Habib Baba'nın yanına süzülür. Beraber, sessizce yıkanmaya başlarlar. Bu arada, hamamın büyük salonundan gelen tef, dümbelek, şarkı, türkü sesleri ortalığı çınlatmaktadır...

Habib Baba'nın gözü, genç hamam arkadaşının sırtına takılır. Biraz kirlenmiş gibi gelir ona... Allah, hikmeti gereği, dostuna o yanındakinin tebdil-i kıyafet etmiş padişah olduğunu ilham etmemiştir...

Ve yanındakini, görüntüsüne uygun, kendi gibi fakir bir delikanlı zanneden Habib Baba, yumuşak bir sesle konuşur: "Evladım" der, "Sırtını, müsaade edersen bir keseleyivereyim."

Padişah, aldığı bu teklif karşısında şaşkınlaşır ve çok memnun olur...

Memnun olur; çünkü ömründe ilk defa biri ona, padişah olduğunu bilmeden, sırf bir insan olarak, karşılık beklemeksizin bir iyilik yapmayı teklif etmektedir.

Memnuniyetle Habib Baba'nın önünde diz çökerken, "Buyur baba, der, ellerin dert görmesin...

Bu arada içerideki âlemin sesleri hamamı çınlatmaya devam etmektedir. Habib Baba, 4. Murad'ın sırtını bir güzel keseler... Fakat padişah kuru bir teşekkürle yetinmek istemez, ne de olsa insandır ve o da her insan gibi kendine yapılan iyiliklerin kölesidir.

"Baba" der, "Gel ben de senin sırtını keseleyeyim de ödeşmiş olalım. Habib Baba, teklifin kimden geldiğinden habersiz, tebessümle: "Olur evlad, deyip, sultanın önünde diz çöker. Bu arada, Sultan Murad kese yaparken bir yandan da Habib Baba'yı yoklar, ağzını arar...

"Baba" der, "Görüyor musun şu dünyayı... Sultan Murad'a vezir olmak varmış... Bak adamlar içerde tef, dümbelek hamamı inletiyorlar, sen ve ben ise burada iki hırsız gibi..."

Habib Baba, Sultan Murad'ın cümlesini tamamlamasına fırsat bile bırakmaz, kendi hükmünü söyler... Sultan Murad'ın Habib Baba'dan duydukları, ağzı açık bırakıp keseyi elden düşürten cinstendir: "Be evladım" der Habib baba, "Sultan Murad dediğin kimdir! Sen asıl Âlemlerin Sultanı'na kendini sevdirmeye bak ki, O seni sevince sırtını bile Sultan Murad'a keselettirir..."

İşte bizim Vedûd olan, sevilmeye tek layık olan Allah'ımız budur.

İnan ki o Derviş Baba'dan farkın yok senin de. Allah katında aynı değerdesin. Çünkü Allah mazlum ile birliktedir. Ve en güzeli de mazlum ile Allah arasında perde yoktur. Hepimiz bu dünyada mazlumuz; zengin, fakir fark etmiyor. Allah'tan, O güzel dosttan, sevgiliden uzak olduğumuz için mazlumuz. O'na kavuşana kadar mazlumuz...

Ne diyor Peygamber efendimiz (sav): "Mazlumun bedduasını almaktan kork. Zira Allah'la bu beddua arasında perde mevcut değildir."

(Buharî, Zekât 1, 41, Sadaka 1, 63, Mezalim 9, Megazi 60, Tevhid 1; Müslim, İman 31, [19]; Tirmizi, Zekât 6, [625]; Ebu Davud, Zekât 4, [1584]; Nesai, Zekât 46, [5, 55].)

Bu yüzden, hakkın mı alındı bırak onlar senden korksun! Ama sen yine de beddua etme. O'nun yerine dua et. Kendine hayır olanı iste. Ailen için hayır olanı iste. Akrabaların için hayır olanı iste ki Allah kalbine hayır dileyenleri getirsin. Gönlü güzel olanları karşına çıkartsın.

Kişi dengini, taşıdığı enerjide olanı hayatına çeker. Biz güzel düşünerek güzel bakalım inşAllah. Güzel niyet seni Allah'a dost eder. İçinde kin varken Allah'a ulaşamaz, huzur bulamazsın. Allah için, kini bırak senden akıp gitsin ki, yerine ilahî aşk gelsin.

***Benim aşkım bir arzu değil, bir niyet, bir duadır.***

Kötü niyet şeytanın tuzağıdır. Senin kalbindeki nuru almak için, şeytan hep fitne ve hasetlik olarak düşündürür.

Allah kuluna müjdeyi Kur'an-ı Kerim'de veriyor: **"Gevşeklik göstermeyin, üzülmeyin. Eğer inanmışsanız, üstün gelecek olan sizsiniz."** (Âl-i İmrân Sûresi, 139. Âyet)

Ve daima anımsa:

***Hakkın alındıysa üzülme; Allah onun yerine hak ettiğini verir.***
***İsyan edersen buna sadece şeytan sevinir; sen dua et ki Allah hediyeni versin.***

*Kul bırakıp gitse ne olur?*
*Allah seni seviyorsa konu kapanmıştır.*

*Allah'ım, bizim değil senin*
*doğru bildiklerinle bizleri karşılaştır.*

*Allah bazen sana ayrılık da yaşatır.*
*Aşkın büyüsü ile kaybolduğunda el açıp*
*O'nu hatırlayasın diye.*

## FARKINDA OLMADAN, KENDİMİZE OLUMSUZ OLANI İSTİYORUZ!

Nasıl mı?

Bazen başına gelen kötü olayların sebebi, o olayı düşünmen ve farkında olmadan niyetine girmendir. İçinde kötü niyet besleyerek hayattan huzur bekliyorsun! Bu, bataklıkta papatya açmasını beklemek gibidir.

Ve daima anımsamanı isterim. İnsan-ı kâmil'de muhteşem bir enerji vardır. Birini ya da bir şeyi aklından geçirdiğinde, o kişinin ya da o olayın hemen karşına çıktığını görürsün. Hatta, "Keşke başka bir şey dileseydim" dersin.

İşte, aklından geçirdiğin şey senin niyetindi... Bu yüzden, başına kötü bir şey gelmesinin sebebi de zihninin seni -farkında olmadan- olumsuz, şeytani bir niyete sokmasıdır. Sana niyetten söz etmek istiyorum. Niyet duadır, bunu kalbine yazmanı isterim. Ve dua da kazayı değiştirir. Peygamber Efendimiz (sav) hadis etmiştir ki:

"Ameller niyetlere göredir ve herkesin niyeti ne ise eline geçecek odur." (Buharî, Bedül Vahiy, Müslim, İmâre, Ebu Davud. Talâk)

Yani insan niyet ettiğini elde eder.

Şimdi bu hadisin hayatımıza nasıl etki ettiğini ve olumsuz olayların nasıl başımıza geldiğini izlemeni isterim...

Gerek TV programlarında gerek kitaplarımda gerekse seanslarda daima insanın ruhsal bir varlık olduğunu ve ruhun düşünmediğini söylerim. Evet, bizi düşündüren zihindir...

Bu zihin maalesef, biz kullanmadığımız sürece, tefekkür ve tevekkül etmediğimiz durumlarda nefs tarafından yönetiliyor. Şöyle ki, zihnimiz âdeta bir kayıt cihazı gibidir. Dikkat edersen, bize gönderdiği düşünceler olumlu, pozitif ya da Rahmani değildir. Tamamen şeytani, tamamen yaşam enerjimizi alacak ve moralimizi çökertecek tarzdadır, öyle değil mi?

Kesinlikle şeytan çok kurnaz, zihnimizi ele alıp kaleyi içten fethetmek istiyor... O bir Truva atı gibi! Böylece, kul'u ya isyana düşürecek ya da intihar boyutuna... Başımıza gelen çoğu olumsuz olay, zihnin bize empoze ettiği kalıplardan kaynaklanıyor.

Bilmeni isterim, zihin geçmişte yaşadığın bir travmayı ya da bir güvensizliği yahut da bir korkuyu geleceğe taşıyarak, "Bak geçmişte böyle olmuştu, tekrar başına böyle bir şey gelecek ve sen aynı şeyleri yaşayacaksın" diye bizi kodluyor. Resmen hipnoz altına alıyor.

Dikkat ettiğinde görürsün ki, üzerimizde böyle yüzlerce gizli ve olumsuz kod var. Güncel bir örnek... Şeytan şu sözleri çok sever:

Kime değer versen canını yakacak.

Bu ilişkinin sonunda mutlaka sorun çıkar, evlenemezsin.

Kimi çok sevsen yarı yolda bırakılacaksın.

Daima bir sorunla karşılaşacaksın...

Biri bitse diğeri başlayacak, bu senin kaderin.

Kafama uygun biri karşıma çıkmayacak ki.

Karşıma zaten hep benim istemediklerim çıkacak.

Ya da panik atak rahatsızlığı yaşayanlara söylediği klasik cümleleri:

Sen kanser olacaksın!

Sen kalp krizi geçireceksin!

Nefessiz kalıp öleceksin!

Sevdiklerini kaybedeceksin!

Aklını yitireceksin!

Yolda bayılacaksın, rezil olacaksın herkes hastalığını öğrenecek!

Bak misafir geliyor, elin ayağına dolaşacak!

Uçağa binme, kendini kötü hissedeceksin. Fenalaşacaksın!

Asansörde kalacaksın, orada kimse seni bulamayacak!

Uzun yolda fenalık geçireceksin!

Tek başına dışarı çıkma, başın dönecek ve bayılacaksın...

Bunun gibi bir sürü vesvesesi meşhurdur. Onu iyi tanırım ve senin de artık tanımanı istiyorum. Kelimeler genelde bu şekildedir. Aynı kelimeyi kullanmayı sever.

Peki, başımıza bunlar niçin geliyor hiç düşündün mü?

Aklımıza gelen başımıza gelir, demiş büyüklerimiz. İşte bu süreç nasıl işliyor ve biz o muhteşem enerjimizi nasıl olumsuz olarak hayatımıza sokuyoruz... Bu konunun farkına varmanı isterim.

Öncelikle bu cümlelere niye vesvese diyorum? Çünkü geleceğe ait cümleler konuşuyor. Peki, gelecek nedir? "Gayb" öyle değil mi?

Geleceği kim bilir?

Elbette sadece ve sadece Allah bilir.

**"Gayb (bilinmeyen âlemler), onların yanında da artık onlar mı yazıyorlar?"** (Kalem Sûresi, 47. Âyet)

Peki, gelecekten haberi kim getirirdi?

Cebrail (as), öyle değil mi?

Kime getirirdi?

Nebilere getirirdi...

Adım adım gitmek istiyorum, hiç acelemiz yok. İşte zihnin sana gelecekten haber vererek, aslında sahte bir Cebraillik yapıyor. Evet, ben ona sahte Cebrail diyorum. Seni de maalesef peygamber (!) ilan ettiriyor.

Çünkü ona inanarak korkuyorsun!

İnanmasan zaten korku ve panik olmayacak, öyle değil mi? İnanmazsan, zaten başına o olumsuz haber gelmeyecek...

Dikkat edersen, başımıza gelen olaylar biz bu niyete girdiğimiz için ortaya çıkıyor.

İnsan neyi bekler sence? Elbette duasını bekler.

Farkına varmanı isterim; sen hep olumsuz şeylerin olacağını düşlüyorsun. Sen güzel bir şey düşlemiyorsun ki!

Evet, insan duasını bekler, zihin ise sana bu yüzden kötü niyet (beddua) ettiriyor ve beklediğin başına geliyor. Güncel bir örnek verebilirim...

Ve daima şunu anımsa; zihin eker nefs ise zihnin ektiğini biçer.

Bir gün bayan bir danışanım gelmişti. Depresyon teşhisi konmuş kendisine. Ve konu görüşme sırasında bir anda niyet kısmına gelince, "Hocam" dedi, "Haklısınız, eşim de anksiyete (kaygı) vardı, yıllarca hep bana, 'Sen bir gün beni terk edeceksin, bir gün gideceksin. Adım gibi biliyorum, bu benim başıma gelecek.' diye sürekli kuruyordu."

Ve evet, o adamın istediği başına gelmişti. İstediği, diyorum çünkü adam bunu istedi, sevgili yolu bekler gibi sürekli terk edilmeye niyet etti; fakat uyku modunda hâlâ haberi yok. Ve başına gelince, nefs hemen tatmin olur ve der ki, "Biliyordum zaten böyle olacağını!"

İşte sorun burada lütfen bu cümleye dikkat et!

Sana da farklı bir konuşmayı yapıyor. Başına bu gelecek, bunları yaşayacaksın; çünkü geçmişte hep böyle oldu, bu senin kaderin! Ve sen de oturup bütün gün bunu kuruyorsun, başına gelince de "biliyordum zaten" diyorsun. Nereden biliyorsun? Sana vahiy mi geliyor!

Bilemezsin, bilmek şirktir. Başına gelebilecekleri nasıl bilebilirsin? Bu senin kaderin, diyor zihnin sana. Kaderinin sonunu bilemezsin. O senin umudunu kesmek istiyor.

Sonra duan kabul olmayacak diye vesvese veriyor. Sen zaten günahkârsın, Allah senin duanı neden kabul etsin ki, diyor sana.

Sen, levh-i mahfuz'u nasıl okuyabilirsin? Hayır, bu mümkün değil. Gelecek ile ilgili fikrin olamaz.

Allah, benden isteyin vereyim, derken, sen farkında olmadan bak neler istiyordun?

Bazıları da duvara, bir kenara parmağını götürerek, işte buraya yazıyorum, bunlar olacak göreceksiniz, der.

Tövbe... Bilemezsin, yazamazsın. Kader bir kere yazıldı onu da yüce Allah yazdı. Sen yazamazsın!

İşte bu yüzden, neye niyet edersek onu yaşıyoruz.

Kime değer versem beni yarı yolda bırakacak, inancına inanırsan ve bunu beslersen, bu senin duana dönüşür ve maalesef milyonlarca insanın bilinçaltında bu kod var. Bunu çözmek için, tek seanslık görüşmelerimizde biz zaten ekip olarak -uzman arkadaşlarım ile- yardımcı oluyoruz; ama buradan da sizler bu sorunu çözün istedim. Gelemeyen var, hastası var, yaşlısı var...

Yine çok önemli bir örnek...

Sevdiğim bir arkadaşım vardı, çocuk yeni evlenmişti. Ve onun geçenlerde başına gelen bir olayı duydum. Evlendiğinde eşine hediye olarak telefon almış ve telefonun içine eşini takip etmek için bir program yükletmiş. Amacı ne olabilir sence?

Güvensizlikten, kaygıdan doğan bir dedektiflik ve amacı elbette eşini suçüstü yakalamak... Ortada hiçbir şey yok, sen yeni evleniyorsun ve acaba bu kadın beni aldatabilir mi, diye şüpheye düşerek eşinin telefonuna takip programı yükletiyorsun.

Şimdi onun zihnini senin de izlemeni isterim. Farkında değil ama âdeta asker yolu gözler gibi başına bir olumsuzluğun gelmesine niyet ediyor. Ne demiştik, "insan duasını bekler"; ama zihni bu çocuğa aldatılmayı bekletiyor.

Evet, o resmen dört gözle aldatılmayı bekliyor! Ve bu bir gün başına gelirse şayet, egosu-nefsi tatmin olacak... Biliyordum zaten, diye sevinecek...

Dikkat etmeni isterim, zihin bir komplo aracıdır, seni tuzağa düşürmek için eline alıp sürekli senaryolar yazmak isteyecektir. Ona dikkat et.

Şimdi sana çözüm için çok önemli bir detay vermek istiyorum. Bu arada ona, yani sahte Cebrail'e inanmadığın sürece aklına gelen o olumsuzluk gelmez merak etme. Zihin sana gelecek ile ilgili bir şey söylüyorsa hemen onu karşına al ve de ki:

*Dur bakalım! Artık sen beni geleceğe, gayb'a götürüp başıma gelecekleri anlatamazsın. Ben ne peygamberim ne de sen Cebrail'sin!*

*Benim dinim bana, senin vesveselerin sana. Ben sadece Allah'a kulluk eder O'na iman ederim. Bu niyeti kabul etmiyorum. Tövbe. Başıma gelecekleri sen bana anlatamazsın. Madem konuşmak istiyorsun anlat bakalım, biraz da ben senin şu senaryonu dinleyeyim.*

*Sana izin veriyorum, konuşmana izin veriyorum ama beni inandıramazsın. Dilersen sen konuş, ben burada olacağım; fakat artık burada sana inanan bir kul yok.*

Bunları söyledikten sonra ona kulak ver. Bir anda afallayacaktır. Zihnin sustuğunu göreceksin. Nefsi ters köşeye yatırdın. O etkisiz hale gelecektir.

Bu kadar!

Onun maskesini düşürdüğün zaman işte bu senin uyanışındır. Şimdi her şeyin farkındasın. Hamd olsun lütfeden Allah'a.

Uyanığı görüyor musun!

Başına gelen olaylardan sonra neler hissedeceğini, hangi duyguları yaşayacağını bile söylüyor! Bu nasıl olabilir? Bu ne şeytani bir plandır. Bize de onun planını çökertmek kalır.

Allah'ın dediği gibi, "Şeytanın düzeneği pek zayıftır." (Nisâ Sûresi, 76. Âyet).

Tekrar ediyorum, şeytan sürekli düzenek kurma peşindedir. Amacı, psikolojini bozarak seni işe yaramaz, değersiz, suçlu hissettirerek yaşam enerjini almaktır. Suçlamaya, hesap sormaya muktedir olan, gücü yeten yalnız Allah'tır. Onun yeri ve zamanı ise Din günü, yani âhirettedir.

Seni bu dünyada yargılayan, yaptıklarından dolayı kötü hissettiren ise nefsin sesidir. O senin dini konudaki hassasiyetini bildiği için de kendini günahkâr hissettirerek Allah'tan umudunu kesmeye çalışır.

Bu da şeytanın çok sevdiği bir düzenektir. Sürekli sana, sen günahkârsın, Allah niye senin duana cevap versin ki, diyerek tevekkülünü bozmaya çalışır. Allah ile arana girmek ister. Günah işlemeyen kul var mı?

O halde tövbe ederek şeytanı taşlamış olabilirsin. Şeytanın başını taşlara vurmasına vesile olabilirsin. Allah affetmeyi çok sever. Ama ısrarla düzenek kurmak için şeytan, sen günahkârsın, diye konuşuyordu; biz bugün bunun da farkında vardık seninle.

Ve yine, onun düzeneğini yıktık şu an seninle birlikte.

Bundan sonra sana düşen güzel bir niyettir. "Allah" diyerek ötesini bırakabileceğin bir niyettir... Allah senin gönlüne göre verir; yeter ki sen gönlünü sonuna kadar Rabb'ine aç. O'na tevekkül et. İşini Rabb'ine bırakınca gerisini düşünme olur mu? Çünkü düşündüğün zaman bırakmış olmuyorsun. Bunun artık farkında olduğuna inanıyorum.

Sen daima güzel niyette bulun; çünkü,

***"Temiz niyet seni***
***Allah'a dost eder."***

***Kul "bittim" demeden Allah,***

***"yettim" der; sen yeter ki sesi duy!***

***Sen kapı kapandı diye üzülüyorsun.***

***Halbuki en iyisini bilen Allah, senin için hayırlı başka kapı açmıştır. O hiç kulunun zararını ister mi?***

***Zihni bırak kalbinle bak, işte o zaman göreceksin.***

## NİYETİN ALLAH RIZASI İÇİN OLURSA RUHUN HUZUR BULUR

Ne için adım atıyorsan eğer, daima Allah'ın rızasını gözetmeni dilerim. Bu senin ruhuna ilahî bir dokunuş getirecektir. Kendi nefsinin esiri olmadan yaşayan her kulun kalp gözünü Allah açar. Ona güzel ikramlarda bulunur; kazançlar eş ve evlatlar verir. Bu yüzden, yaşama dair niyetin Allah'ın hoşnutluğunu kazanmak adına olunca, bu hayat senin cennetin olmaya başlar.

Hz. Âdem (as) yeryüzüne inince, bütün vahşi hayvanlar yanına gelip onunla selamlaşarak ziyaretinde bulundular. Hz. Âdem (as), bu hayvanların her birine bir dua etti. Nihayet bir grup geyik gelerek onu ziyaret etti. Hz. Âdem (as) onlar için de dua etti ve sırtlarını sıvazladı. Geyikler oradan ayrılır ayrılmaz misk gibi kokmaya başladılar.

Diğer hayvanlardan bir grup bunun sebebini sorunca, onlar, "Âdem'i (as) ziyaret ettik, bize dua etti ve sırtımızı sıvazladı" dediler. Bunun üzerine onlar da Hz. Âdem'in (as) yanına gittiler. Onlara da dua etti sırtlarını sıvazladı.

Fakat onlarda güzel koku olmayınca, "Bize de size yaptığının aynısını yaptı ama size lütfedilen güzel kokudan bize bir şey verilmedi. Bunun sebebi nedir" diye sordular.

Geyikler, "Biz onu Allah teâlâ için ziyaret etmiştik, siz ise misk kokusu için ziyaret ettiniz" cevabını verdiler.

İşte temiz niyet insanı misk kokutur. Kalbine ferahlık verir. Çünkü Allah o kulunu sevgisiyle nazar eder. Bizim bu dünyadaki amacımız tek dost olan Allah'ın hoşnutluğunu, rızasını kazanmak değil mi?

***O halde geç bile kaldık;***
***bundan sonra yeni bir sayfa aç kendine***
***ve kendini dostuna ada.***
***Veli olan Allah'a ada.***
***Bu sefer daha farklı olsun her şey.***
***Bu sefer Vekil olan Allah'ın güvencesinde nefes al.***
***O seni her zaman galip ve üstün kılar.***
***Hiçbir zaman mağdur etmez.***

İmam Gazali'den sevdiğim bir kıssa vardır:

Âbidin biri uzun yıllar Allah'a ibadet etmiş. Günün birinde bir cemaat kendisine gelerek, "Burada ağaca tapan insanlar var" demiş.

Buna kızan âbid, baltayı omzuna alarak ağacı kesmek üzere yola çıkmış. Yolda şeyh suretinde şeytan ile karşılaşmış. Şeytan, nereye gittiğini sormuş; âbid de ağacı keseceğini söylemiş.

Şeytan, "Sana ne! İbadetini bıraktın da ağacı kesmekle mi meşgul oluyorsun! İbadetine dön" demiş.

Âbid, "Bu da benim bir ibadetimdir" demiş.

Şeytan, "Sana izin vermem" demiş ve dövüşmüşler. Âbid, şeytanı yenerek göğsünün üzerine oturmuş. Şeytan, "Beni bırak, sana söyleyeceklerim var; sen bundan sorumlu değilsin. Kendin ağaca tapmıyorsun, başkasından sana ne? Allah teâlâ'nın yeryüzünde bu kadar peygamberi var, dilese buraya da bir peygamber gönderir ve ağacı ona yıktırır" demiş.

Şeytan, âbidi vazgeçiremeyeceğini anlayınca, şöyle bir teklifte bulunmuş:

"Senin hiçbir malın yok, insanlara yük oluyorsun. Şayet emsallerinden üstün olmak, fakirlere yardımda bulunmak gibi meziyetlere sahip olmak istersen, bu işten vazgeç, evine dön. Her sabah senin başının ucuna iki altın koyarım. Bunları istediğin gibi kendine, ailene ve yoksullara dağıtırsın. Bu ise senin için bu ağacı kesmekten çok daha hayırlı olur. Çünkü onu kesmenin ağaca tapanlara bir zararı olmadığı gibi, ağaca tapmayanlara da bir kârı yoktur" demiş.

Âbid, bir süre düşündükten sonra, "Bu ihtiyar doğru söylüyor. Ben peygamber değilim ki bu ağacı kesmek mecburiyetinde kalayım... Allah teâlâ bunu kesmeyi bana emretmedi ki, kesmemekle O'na asi olayım... Bu ihtiyarın vaadi hepsinden faydalı ve karlıdır" diyerek, onunla sözleşmiş ve geri dönmüş.

Akşam yatmış, sabahleyin başucunda iki altın bulmuş. Ertesi sabah da aynı vaziyette iki altın bulmuş ve ondan sonra altınlar kesilmiş. Altınların kesildiğini gören âbid, hiddetle yine baltayı omuzlamış ve ağacı kesmek üzere yola çıkmış.

Yolda yine aynı ihtiyarla karşılaşmış. İhtiyar nereye gittiğini sorunca, ağacı kesmeğe gittiğini söylemiş. Bunun üzerine ihtiyar: "Geçmiş olsun, sen onu daha yıkamazsın" diyerek tekrar dövüşmüşler. Bu defa ihtiyar (şeytan), Abid'i ayaklarının altına almış.

Âbid, bir şey yapamayacağını anlayınca, ihtiyara, "Beni bırak ve bana ilk önce nasıl sana galip geldiğimi ve şimdi senin beni nasıl mağlup ettiğini anlat" demiş.

Şeytan: "İlk hiddet ve çıkışın Allah içindi ve niyetin samimiydi. Onun için Allah teâlâ seni galip getirdi. Fakat bu seferki hiddetin dünya ve niyetin altınlar için oldu. Bunun için ben seni mağlup ettim."

*Kimi Hakk'ı bulur, kimi de hak ettiğini;*
*senin niyetin neyse onu bulacaksın.*

## DÜŞÜNCELER, SIKINTILAR MİSAFİRDİR GELİR VE GİDER.

Hayatın içinde her zaman düşünceler ve sıkıntılar olacaktır. Fakat onlar bizden değildir. Düşünce misafirdir; misafir ise hanemizden, kalbimizden değildir öyle değil mi? O sadece gelir ve gider. Ancak sen ona enerji verirsen, düşünce ile ilgilenirsen senden beslenerek kafanı meşgul edecektir.

Unutma, düşünce nötr, etkisiz bir haldedir ve senin yaşam enerjin ile beslenerek büyümeye başlar. Ne sıkıntı gelirse gelsin onu sadece izle; göreceksin, bir müddet sonra kaybolacaktır. Kedi gibi... Kediye süt verirsen kapından ayrılmaz; fakat onu beslemeyi bıraktığında artık senin kapına gelmeyecektir. O artık başka kapıya gidecektir.

Ve düşüncenin de bir kediden farkı yoktur. Düşünce hayatta kalabilmek için senin enerjine ihtiyaç duyar. Peki, sen ona nasıl enerji veriyorsun? İşte kilit burada... Düşünce, sıkıntı geldiğinde ona gitmesini söylediğin an bu onun işine gelecektir. Çünkü onu itmek, kafanın içinden kovmak isterken enerji tüketeceksin; onu kovmak istediğinde, senden aldığı enerji ile daha çok büyüyecektir. Bu yüzden sen çırpındıkça batmaya devam edersin.

Çünkü düşünce âdeta bir bataklıktır, çırpındıkça daha çok batarsın. Sen yorulursun ve o konuşmaya başlar. Sen gittikçe dibe batarsın ve düşünce hâlâ oradadır.

O halde çırpınmayı bırak. Sadece bir izleyen ol. Düşünceyi izle. Tıpkı kapına gelen kediyi izlediğin gibi... Tıpkı bir diziyi izlediğin gibi...

Dışarıdan sadece izlediğinde göreceksin, o bir misafir, o evinde televizyonda oynayan bir dizi gibi akıp gidecektir.

Bir zat Hz. Ali'ye (ra) geldi ve "O kadar derdim var ki, sıkıntıdan canım çıkacak" dedi.

Hz. Ali de (ra) ona, "İki soru soracağım; cevabını verip dermanını bulacaksın" dedi.

Adam, "Sor, Yâ Ali" dedi.

Hz. Ali (ra): "Dünyaya geldiğin zaman bu dert seninle birlikte mi dünyaya geldi?"

Adam: "Hayır."

Hz. Ali (ra): "Peki, dünyadan giderken bu dert seninle birlikte olacak mı?"

Adam: "Hayır."

Hz. Ali (ra), son olarak şöyle buyurdu: "Seninle birlikte gelmeyen ve giderken de seninle birlikte olmayacak olan bir dert, senin bu kadar zamanını almamalı. Sabret. Yeryüzündekilere çok umut bağlamaktansa, kalbini Âlemlerin Rabb'i Allah'a çevir."

Hz. Ali (ra), onu asırlar öncesinden çözmüş. Onu tanımış... Onu birçok halife, birçok bilge insan bilir. Artık sen de bir bilgesin. Yaşamında, kafanın içinde neler olduğunun farkındasın.

Ve bu âyeti kalbine yazmanı isterim

**"Şüphe yok ki Allah bizimle beraberdir."** (Tevbe Sûresi, 40. Âyet)

O halde zihnin, düşüncelerin sesine kulak vererek onları daha fazla enerjimiz ile besleyerek hayatımızda tutmanın anlamı yok. Biz Rabb'in sesini kulak verdiğimizde, O'nun daima bizimle olduğunu hatırlayarak, tefekkür içinde yolumuza aşk ile devam edeceğiz inşAllah.

Düşünce gelecektir, hayatta olduğun sürece o hep var olacaktır; fakat o senden beklediği enerjiyi alamayınca başını önüne eğerek susacaktır.

Sana çok önemli bir sır vermek isterim. Bu sırrı herkesle paylaşabilirsin, artık sır olmaktan çıksın istiyorum ki şeytan başını yine taşlara vursun...

Düşünce ve sorunlar senin tepkin ile kalıcı hale gelir. Buna dikkat et lütfen. Ne zaman ondan kurtulmak istesen ve ona tepki göstersen beslemiş oluyorsun. Derin bir nefes al ve arkana yaslan, bırak o konuşsun...

Bir süre, kısa bir süre sonra zihninde büyüyen o sorunun yavaşça küçülerek yok olduğunu göreceksin. Düşünceyi bir dilenciye benzetirim ben. Burası çok önemli... Dilenciye para verirsin, öyle değil mi?

Niçin bunu yaparsın? Artık ondan bıktın, senin yanından gitsin istersin.

Oysa ne olur, sonuca baktın mı? Dilenci daha çok hayatında kalacaktır. Çünkü sen onu farkında olmadan besledin. İşte düşüncenin yapısı, sıkıntının, takıntının yapısı da budur. Ondan kurtulmak isteyerek enerjini verdikçe sen kasılarak gerilecek, sorunlar daha çok büyüyecektir. Benim sana "sadece şahit ol" dediğim budur.

Bırak gelsin. Bu sözün düşünce üzerinde büyük bir etkisi vardır: **"Bırak gelsin!"** Zihnine, beynine bunu söyle, sonra da ona kulak ver...

Oturup bunu yapmanı isterim. Şu an bunu yapabilirsin. Bu zamana kadar zihnin seninle konuşuyordu, şimdi sen onunla konuş. Onu, bir öğrenciyi karşına alır gibi karşına al. Evladını karşına alır gibi önüne al ve düşünce ile konuş. Bu delilik değil, tam aksine bilgeliktir.

Onu dinle, sadece onu dinlemeye çalış. Ondan konuşmasını iste. Ondan seni üzmesini iste, ona sana yapılan haksızlıkları hatırlatmasını iste. Bunu gerçekten tüm kalbinle iste. Ve zihnine **"anlat bakalım"** diye hitap et.

Sana, **"Bırak gelsin"** sözünden sonra verdiğim ikinci etkili söz: **"Anlat bakalım!"**

Zihin bunu duyar duymaz aptallaşır, ne diyeceğini bilemez. Senin sorunun kafanda bir hayal idi, var olanı sadece zihnin büyütüp önüne getiriyordu. Şimdi ise donup kaldığını göreceksin.

Şimdi tekrar denemeni istiyorum. Kafanın içinin boşaldığını göreceksin. Allah Vekil'in, O her zamanki gibi yanında ve sen çok dua ettiğin için bu satırları okumanı, artık beynini boşaltmanı istiyor olmalı. Seni izliyor şu anda.

Gözlerini kapat ve düşüncelerini karşına al. Şimdi zihnine "Anlat bakalım" diye emir ver ve düşünmek iste...

Neyi anlatacağını şaşırıp kalacaktır. Bunu devamlı hale getirmeni istiyorum... Bunu her yaptığında artık beynin otomatik olarak senin yerine onu susturmaya başlayacaktır. Şimdi Allah'a şükret. Bu ilmi Allah lütfetti ve senin duana cevap verdi.

*Nerede olursan ol Rabb'ini an;*
*çünkü O hep seni anıyor.*
*Allah sana darılmadı, gücenmedi.*
*Sıkıntı anında her şeyi bırak ve*
*Rabb'ine dönerek ferahlık umut et.*
*Yeter ki ilk önce O'na sarıl.*
*Göreceksin, sıkıntı aslında bir tohumdur ve*
*sana hoş çiçekler verecektir.*

*Allah senin derdini gören, duyan ve çözendir.*
*O halde şimdi sana düşen güzelce bir sabırdır.*

## TAKINTILARDA "ALLAH DE ÖTESİNİ BIRAK"

Evet, en büyük sıkıntılarından biri... Tıpta OKB (takıntı [obsesif kompulsif bozukluk]) diye geçen ve eski adı "evham" olan rahatsızlık. Aslında bu tamamen bir vesvese... Üstelik şeytan oyunun içinde oyun oynuyor ve senin imanın zayıf diye bunların olduğunu düşündürüyor.

Tam aksine, bana bugüne kadar (seansa) fesat bir insan gelmedi. Şeytan imansız kalbe girmez. Merhametli, vicdanlı, saf kalpleri sever. Çünkü o Allah'ın sevdiği kalptir. Bu yüzden vesvese aslında senin imanının güçlü olduğunu gösterir.

Vesvese, Veli kullara sonra da dereceleri, makamları Allah katında yüksek insanlara gelir. Bir sahabe, Peygamber Efendimize (sav) gelip soruyordu, "Vesveselerim var, ne yapabilirim" diye.

Allah Resulü şöyle cevap veriyordu: "Endişe edilecek bir durum yok; o mahz-ı imandır. Yani imanının kuvvetindendir..."

Bu tamamen içine kurt düşürme olayıdır. Tıpkı, tıbbın koyduğu isim olan panik atakta olduğu gibi, burada da insana şu cümleleri fısıldayacaktır:

* Ellerin temiz olmadı (uzun süre elleri yıkatır)...

* Kapı kolunu tutma mikrop bulaşır...

* Eşini ya da misafiri eve alırken önce banyoya sok; her yer pis olacak...

* Bak bakalım, ocak kapanmadı...

* Üzerin pislendi, o elbiseyi at gitsin...

* Oradaki insandan sana pislik geldi, mikrop kapacaksın...

* Bunu bugün yapma, yarın yap yoksa başına kötü bir şey gelecek...

* Abdestin olmadı, eksik kaldı, orana su değmedi, tekrar al...

* Herkes sana bakıyor, herkesin gözü üzerinde...

Hâşâ (dini OKB'de) Allah yok der, sonra da günahkârsın, diye suçlar.

Bak sen şu akrabandan hoşlanıyorsun, hiç sana yakışmıyor, bir de evlisin! (Halbuki böyle bir hoşlanma yok; içine kurt düşürüyor.)

Genelde bu kelimeleri çok sever şeytan. Buna benzer eklemeler de yapabilir. Yani bunlar sana has bir durum değil, hiç endişe etme... Şeytanın en sevdiği ve senin psikolojini bozmak için kullandığı yemlerdir bunlar. Üzerine alınmadığında yok olduğunu göreceksin.

Şeytanın buradaki tüm amacı şudur: Sana kulluk ettirmek! Kendine iman ettirmek...

Sen onun dediklerini yaptıkça, kurtulmak istedikçe dilenciye para vermiş gibi oluyorsun! O bu sefer başka bir takıntı yaptıracaktır. Bu hep böyle olmuştur. Sen gitsin diye uğraşırken yaşamında daha çok büyür. Onu iyi tanırım, bu yüzden de senin de tanımanı istiyorum.

Bu konuda yaşamayan seni anlayamaz... Nasıl anlayabilir ki!

Bu yüzden, "bırak gelsin" sistemini burada da uygulamanı isterim. Tüm kalbinle bırak gelsin ve ona şunu de:

"Ben sadece Allah'a kulluk ederim. Sen aslında benim eylemim ile ilgilenmiyorsun, sen verdiğin emri yerine getirdiğimde tatmin oluyorsun. Bu yüzden ben artık senin başıma gelecekleri söylemene inanmıyorum ve isteğini yapmıyorum.

Çünkü bugüne kadar isteklerini yerine getirdiğimde bunun geçiştirme olduğunu gördüm. O anlık bir ferahlıktı ve aksine seni daha çok hayatımda tutmuşum. Artık hamd olsun uyandım. Şimdi her şeyin farkındayım. Allah Hâfız'dır o muhafaza ederek beni korumaktadır. Ben yalnız Âlemlerin Rabb'i olan Allah'a sığındım. Senin vesvesen sanadır, benim imanım Allah'adır..."

Evet, ona tam olarak bunu söylersen sustuğunu göreceksin.

Cehennem ehli, cehennem kapısında şeytanın yakasına yapışarak şöyle diyecek: "Senin yüzünden geldik buraya ey melun!"

İblis onlara, "Bir dakika... Siz dünyada beni gördünüz mü? Sesimi duydunuz mu" diye soracak.

Cehennem ehli, "Görmedik ve duymadık" diyecekler.

Şeytan devam edecek: "Peki siz dünyada hiç Allah'tan söz eden insan, hoca görmediniz mi? Siz hiç Kur'an, hadis okumadınız mı? Dinden, Allah'tan söz eden duymadınız mı?"

Cehennem halkı, "Gördük, okuduk ve duyduk" diye cevap verecek.

İblis diyecek ki: "Yani siz şimdi, gördüğünüze ve duyduğunuza değil de, görmediğinize ve duymadığınıza tabi olup mu buraya geldiniz? Siz gidin kendinizi ayıplayın. Benimki sadece vesveseden ibarettir. Siz gerçeklere değil de bir fısıltıya itibar ettiniz!"

*Yüreğini seni yoktan var eden Rabb'ine*
*emanet et ve gerisini düşünme.*
*O, en hayırlı olanı emanetine verir.*
*Ve daima anımsa: emanetine en iyi bakan Allah'tır.*

# SEN PLAN YAPARSIN AMA ALLAH'IN DEDİĞİ OLUR

Evet, bizim çoğu zaman mutsuzluğumuzun sebebi arzulardı. Bunu ilk kitabımızda anlatmıştık. Arzu "şeytani", niyet ise "rahmani" demiştik. Fakat bazen yoğun arzularımızdan vazgeçemiyoruz.

Biz arzu ettikçe hayatın da bize sundukları farklı oluyor ve böylece mutsuz oluyoruz. Allah bize cüzi, yani sınırlı irade vermiş…

Neyin bize iyi geleceği, hayırlı olacağı konusunda bir fikrin olabilir mi?

Mümkün değil?

Peki, bunu kim bilir?

Elbette, bizi yaratan Allah!

Bak ne diyor En'âm Sûresi 73. Âyet'te: **"Gizliyi ve açığı bilendir ve O, hikmet sahibidir; her şeyden haberdardır."**

O halde niçin hâlâ, hem sıkıntını hem de yeni başlayacağın bir işte O'nu Vekil edinmeyi aklına getirmiyorsun?

Ahzâb Sûresi 3. Âyet'te yine Rabb'im seni müjdeliyor: **"Allah'a güven. Vekil olarak Allah yeter."**

Yani ne demek bu: Az önce Allah'ın bize cüzi irade, seçim hakkı verdiğini söylemiştim. Şimdi senin seçtiklerine bakıyorum, maalesef hep canını yakmış, öyle değil mi?

O halde, sen kendi iradeni bir kenara bırakıp planlarını yapmadan önce Allah'a dönerek, "Seni Vekil edindim" dersen, Allah da ilahî iradesi ile tecelli ederek senin karşına en hayırlı olanı çıkarır. Bu kadar basit...

O halde zorlanmaya, düşünmeye, telaşa, paniğe gerek var mı?

Sen yeter ki Allah'a dayan. Sırtını O'na güzelce daya. Allah, sözünde durandır. Sözünde en güvenilir olan sadece Allah'tır.

Eee, senin dostun da Allah, sevgilin de Allah, tek yardımcın da Allah ise o halde gerisini düşünmek sana yakışır mı?

Karamsar olmak sana yakışır mı?

Çaresizim demek sana yakışır mı?

Öyle iman etmek sadece namaz kıl, oruç tut ile olmaz. Kalben Rabb'ine bağlı da kalacaksın. Her daim O'nun seninle birlikte olduğunu hissedeceksin. Her daim sana yardıma hazır bulunduğunu duyumsayacaksın. Kul böyle olmalıdır. Allah ile samimi olmalıdır.

**Güzel bir hikâye vardır:**

*Zalim bir padişah, bir gün bir kadın görür. Kadına gönlü akar. Sorup soruşturur. Kadın bir demirci ustasının hanımıdır. Adam kendi halinde, işinde gücünde, örsünden-çekicinden geçinen bir gariptir.*

*Zalim, nasıl etsem de şu kadına sahip olsam diye düşünürken, yalaka vezirlerinden biri:*

*"Sultanım ondan kolay ne var. Bu adam demirci... Haber yollayalım 1000 tane mıh yapsın. Ve mıhları da bir günde yapsın. Yapamazsa kellesini alırız" der.*

*Padişah ellerini ovuşturur sevinçle. Ve adamlarıyla haber yollar demirci ustasına.*

*"Padişahımız 1000 mıh yapsın, dedi. Yarın sabaha kadar mıhları yapamazsan kelleni alırız" derler.*

*Adam bu haber üzerine yıkılır, omuzları düşer. 1000 mıh'ı yapmasına, hele bir gün gibi kısa bir zamanda yapmasına imkân yoktur.*

*O kederle evine gelir. Akşam sofrada bir lokma bile yemek yemez. Bu hali hanımının gözünden kaçmaz. Bey, söyle hele senin bir derdin var, der. Demirci ustası olanı biteni hanımına anlatır. Ferasetli hanımı, beyine şöyle der. "Hele Bey, tevekkel ol. Mıh'ın sahibi var, sen üzülme; Allah bir kolaylık kapısı açar." Adam ve hanımı yatarlar.*

*Sabah kapı gürültüyle vurulmaya başlar. Adam hanımına, "Hakkını helal et, buraya kadarmış" der.*

*Hanımı, "Dur bakalım Bey, hele bekle" der ve kapıya varıp "Kim o" diye seslenir.*

*Kapıdan cevap gelir: "Padişah öldü! Ustaya söyle, sanduka için 30 mıh almaya geldik" derler.*

*Hanımı, sevinçle beyine haberi verir. "Bey, ben sana demiştim. Mıh'ın sahibi var; hele kederlenme, tevekkel ol diye... Kalk, padişah ölmüş; sandukasına 30 mıh ver."*

*Hepimiz iyi yahut kötü plan yaparız ama unutma ki,*

*Allah'ın dediği olur.*

*Allah'ın dediği olur.*

*O halde, sen de buna rıza göster ki,*

*Allah sana ilahˆ aşkı ile tecelli etsin.*

# ANNE RIZASI ALMAYAN, ALLAH'IN RIZASINI KAZANAMAZ

*Allah De Ötesini Bırak* kitabımızda, annenin -senin- üzerindeki hakkından kısaca söz etmiştim hatırlarsan. Ne olursa olsun, sana ne yaparsa yapsın, annen seni dinden çıkartmadığı sürece ona isyankâr olursan, üzerinde her daim karabulutlar olduğunu görürsün.

Hiçbir anne, Allah rahmetini üzerinden kesmediği sürece yavrusu için kötülük düşünemez. Anne'nin üzerinde Rahman sıfatı tecelli etmese, sana süt bile vermezdi. Bir bebek kundakta ağlayarak ölürdü, annenin umurunda olmazdı. Annenin üzerinde Allah'ın Rahman sıfatı tecelli ettiği için merhamet eder o sana... Şimdi sen ona nasıl kızabilirsin?

O'na kızmak Allah'a isyandır.

Sen ne biçim bir anne verdin bana, demektir.

Hâşâ, bazı insanların yaptığı budur!

O sana kırıldıysa mutlaka sözünü dinlemediğin içindir ya da başka bir sebebi vardır.

Belki hayat onu çok yıpratmıştır...

Belki sağlıklı bir psikolojiye sahip değildir...

Ona şimdi kim yardım edecek?

Elbette sen...

Annenin gözyaşı aman senin yüzünden yere akmasın... Onun kalbinde Allah'ın aynı zamanda Vedûd sıfatı da tecelli eder. Bu yüzden anne kalbi kırmak Allah'ı incitmek gibidir.

Anneye itaat etmeyen kulun ibadetlerinin, iyiliklerinin anlamı var mı sanıyorsun?

Allah buyurdu ki:

**"Rabb'in, sadece kendisine kulluk etmenizi, ana babanıza da iyi davranmanızı kesin bir şekilde emretti. Onlardan biri veya her ikisi senin yanında yaşlanırsa, kendilerine 'Of' bile deme; onları azarlama; ikisine de güzel söz söyle."** (İsrâ Sûresi, 23. Âyet)

Ebu Hasan Harakani Hazretleri anlatıyor:

*Bir vakitler âbid, zahit iki kardeş, bunların bir de yaşlı, hasta, yatalak anneleri vardır. Anneleri hasta olduğu için her an hizmete ihtiyacı vardır. Bunun için kardeşler annelerine hizmeti sıraya koymuşlardır. Bir gece biri hizmet ediyor, diğeri geceyi ibadetle geçiriyor... Ertesi gece, diğeri annesine hizmet ediyor, bu sefer öteki ibadet ediyor.*

*Aralarında şöyle diyorlardı: Birimiz annemize, öbürümüz Rabb'imize hizmet ediyor. Kardeşlerden biri, sırası olmamasına rağmen diğer kardeşine şöyle bir teklifte bulunur:*

*"Bu gece, Allah'a hizmet etmek sıranı bana ver, sen anamıza hizmet et ben de Rabb'ime hizmet edeyim." Kardeşi bu öneriyi kabul eder. Her iki kardeş de hizmetlerine başlarlar. Allah'a hizmet eden kardeş namaz, zikir, Kur'an okuyarak hizmetine devam eder. Sabaha yakın bir zamanda secde âyetini okur ve secde eder. Secdede uzun kalır, tam da uyku bastırmıştır ki, gözkapaklarına hâkim olamaz ve secde halinde uyuklar. Bir de ne görsün, bir hitap:*

*"Kardeşin affedildi, sen de onun hatırına affedildin."*

*Adam şaşırmıştır: "Ben Allah'ın hizmetindeyim, o ise anamızın hizmetinde; nasıl olurda o bağışlanır!"*

*Hitap şöyle son bulur: "Senin Allah için yaptıklarına Allah'ın ihtiyacı yok; ama kardeşinin yaptığı hizmete annenin mutlak ihtiyacı vardı."*

Evet, sen yeter ki anacığının sözünden çıkma. Onun duası senin hayatını değiştirir. Bu yüzden annenden hep güzel, hayırlı dualar almak için çalış. İlk hedefin Allah'a kulluk, sonraki amacın ise ananın kalbini hoş tutmak olsun. O zaman göreceksin, Allah senin kalbine huzur dolduracaktır. Anasını mutlu eden Rabb'ini de mutlu eder. Rabb'inin rızasını kazanır.

Ana sözünden çıkmayan kul ne güzel bir kuldur, onun üzerinde peygamber hırkası vardır.

Veysel Karani, aşkı Resulullah ile yanıp tutuşmuştur. Tek emeli, biricik gayesi Resulullah'ın mübarek cemalini görmekti. Bu aşk ile günler gelip geçiyordu. Bir gün annesine: "Anneciğim! Eğer müsaade edersen gidip sevgili Peygamberimizin (sav) mübarek yüzünü göreyim. Gidip Medine'de ziyaret edeyim" dedi.

Veysel Karani'nin anası uzun uzun düşündü. Sonra, "Bir şartla izin veririm. Resulullah'ı, Hane-i saadetlerinde (mübarek evinde) ziyaret edeceksin. Başka yerde değil" dedi.

Âşık-ı Resul olan Veysel Karani, anam izin verdi diye sevinç içinde Medine yoluna düştü. Günlerce yolculuktan sonra Medine'ye ulaştı. Peygamberimizin evini sordu. Gösterdiler. Hane-i saadetin kapısını çaldı. İçeriden Hz. Âişe (ra) validemiz, "Kim o" diye seslendi.

Veysel Karani, "Benim, ben, Veysel, Yemen'in Karan köyünden geldim. Resulullahı ziyaret için geldim" dedi.

Hz. Âişe (ra) validemiz, "Resulü Ekrem Tebük Seferi'ndedir" dedi.

Veysel Karani, "Ah! Beklemeyi çok isterdim; fakat anamın izni buraya kadar" dedi.

Hz. Âişe (ra) validemiz, "Ey Allah'ın kulu! Kimsin sen" dedi.

Veysel, "Adım Veysel'dir. Yemen'in Karan Köyü'ndenim. Çobanlık yaparım. Sevgili Efendimizi ziyaret için buraya kadar anacığımdan izin almıştım. Demek ki görmek nasip değilmiş" diyerek gerisingeriye döndü.

Resulullah (sav) seferden döndüklerinde: "Ya Âişe! Buraya Üveys (Veysel) mi geldi? Onun beni bu dünyada görmesi nasip olmayacak. Allah onu imtihan ediyor. Annesine olan itaatinin derecesini ölçüyor" dedi.

Veysel Karani, anasına geldi, olanları derin bir ah çekerek anlattı. Üzüntü ve kederinden sararıp solmuştu.

Anası, "Üzülme oğlum, üzülme" dedi. "Sen beni memnun ettin ya, Allah da seni memnun edecek. Sevgili Efendimizi öbür dünyada göreceksin."

***"Biz insana, anne babasına en güzel bir biçimde davranmasını emrettik..."***

**(Ankebut Sûresi, 8. Âyet)**

***"Gerçi insana anasına, babasına 'itaat etmeyi' de tavsiye ettik. Anası onu zayıflık üstüne zayıflıkla taşıdı. (Onun) sütten ayrılması da iki yıl içindedir. Bana ve anana-babana şükret, diye de 'tavsiye ettik'. Dönüş ancak Banadır."***

(Lokman Sûresi, 14. Âyet)

İşte bunlar Allah'ın sana emridir. Net ve açık olarak, Kur'an'da Allah sana nasıl davranacağını bildiriyor. Anneni seviyorsan daha çok sev, git ona sarıl hiçbir şey yokken. Koşulsuzca sarıl. O seni koşulsuzca besledi... Koşulsuzca taşıdı...

Annen sana Allah'ın emanetidir. Küçükken o sana baktı, şimdi sen ona bakacaksın. Ellerini kokla, ellerini öp. Etrafında âdeta pervane ol. Annede cennet kokusu vardır. O koku seni de sarsın. Şayet annen vefat ettiyse, onun için sadakalar ver…

**Bir adam, "Ey Allah'ın Resulü, annem öldü, onun adına sadaka versem ona faydası olur mu" diye sorunca, Resulullah (sav), "Evet" buyurdu. Adam: "Benim bir hurma bahçem var, onu annem için sadaka verdim."** (Nesâî, Vesaya: 8; Müslim, Zekât: 15; Tirmizi, Zekât)

Bunu mutlaka yapıyorsundur; ama şimdi Allah rızası için, Allah'ın hoşnutluğunu kazanmak için tekrar yap.

Tüm amacın Allah olsun. Tüm niyetin Allah ile samimi bir ilişki olsun. Allah seni çok seviyor. O kulunu çok sever. O bizim tek aşkımız. Başka yok…

*Anne rızası kazanmak Allah rızası kazanmaktır.*
*Anneni hoşnut et ki Allah da senden hoşnut olsun.*

## ALLAH İLE KONUŞ, SAMİMİ OL

Namaz kılarken mesela, yüzünü secdeye koyduğunda Rabb'inle buluştuğunu hisset. Âdeta ona sarılıyorsun, kucaklaşıyorsunuz...

Bunu şehir şehir dolaştığımda çok hissederim. İmza, konferans için yurtdışı yahut şehir dışına çıktığımda, secdede Rabb'im ile buluştuğumda hissederim... Ve derim ki: "Yâ Rabb'i, dünyanın neresine gitsem sen varsın. Seninle buluşabilmek ruhumu besliyor. Burada da buluşmayı ve bu huşuu bana hissettirdiğin için sana hamd olsun!"

Ve en son Kâbe'de, Allah'ın evinde, kapısının önünde secde ederken bunu yaşadım... "Allah'ım" dedim... "Burada da buluşmayı bana nasip ettin. Seni çok özledim. Her yerde sen vardın, şimdi ise evindeyim. Kapına geldim, yüzümü sürdüm. Ve o an tüm danışanlarıma, okurlarıma -evet yanlış duymadın, senin için de- dua ettim...

Ve bu buluşma anında, bir tebessüm hissederim Rabb'imden bana gelen... O da bundan hoşnut olmuş olmalı. Çünkü, Allah kulunun zannı üzerinedir. Ne zannediyorsan O... Allah seni seviyor.. Bunu hissediyorsan gerçekten seviyordur. O'ndan hiç ayrı kalmadık ki biz.

O'ndan parçayız. Ruhundan parçayız biliyorsun, hamd olsun... Çok şükür...

Sonra rükûa eğildiğimde, "Allah'ım, yalnız senin için eğilirim. Boynumu senden başkasına büktürme" diye iç geçirip dua ederim. O'nun Azizliği, yüceliği karşısında eğilmek, kul olduğunu hissetmek hemen ruhu besler. Ruhun Aşk ile buluştuğu andır secdem. Gerçek aşk... İlahi aşk...

Yüreğimi sıcacık eden aşk ile buluştuğu andır secde... Tefekkür ederek kılınan namaz gerçekten ruhu besliyor. Yoksa beden eğitimi olur durur... O zaman sana ağır gelir. Kaçmak istersin Allah'ın huzurundan. Ne kadar acı değil mi?

Halbuki namazın "miraç" olduğunu söyler Efendimiz (sav). Allah ile kulun buluşması. Hatta bu miraç, Ettehiyyatü Sûresi'nde hissedilir. Biraz anlatmak isterim. O anı yaşamanı diliyorum...

Yalnız şunu söylemek isterim, bazı insanlara şeytan vesvese veriyor ve namazı hissedemedikleri için namazdan vazgeçiyorlar. Bu da şeytanı galip getiriyor. Zaten amacı buydu; seni secdeden, Allah'ın huzurundan uzak tutmak. Oysa Allah kulunun nefsi ile mücadelesini sever. Kul nefsi ile mücadele ettiğinde Allah o kuluna büyük sevaplar verir.

*Cebrail aleyhisselâm 2 rekât namaz kılmış, bu 2 rekât namazı kılması tam 4 bin ahiret senesi sürmüş. Sonra, "Yâ Rabb'i, kâinat yaratıldığından beri acaba böyle namaz kılan başka bir kulun var mı" demiş. Allah teâlâ buyurmuş ki:*

*"Ahir zamanda gelecek olan Habibimin ümmetinden bir kulum, 2 rekât namaz kılacak; hatayla, kazayla, her türlü düşüncelerle ve kaç rekât kıldığını bilmeyerek kılacak. Onların birkaç dakikada kıldığı 2 rekât namaz, senin 4000 senede kıldığın namazdan daha makbul olacak.*

*"Yâ Rabb'i, neden onların namazları bu kadar kıymetli olacak?*

*"Çünkü onlar, düşmanımı yıkarak huzuruma gelecekler. Sende düşman yok ki! Dünya sevgisinden uzaklaşacaklar, nefslerinin şerrinden kurtulmaya çalışacaklar, şeytanın vesvesesine aldanmayıp, Allahu ekber diyecekler..."*

Ey benim merhametli Rabb'im. Canım Allah'ım, kuluna ne kadar çok değer veriyor kurban olduğum...

Şimdi bırak, şeytan gelsin vesvese versin ki senin ibadetin daha değerli olsun. Ona seslen, zaten yanında... "Gel" de... "Bak senin hiç hoşlanmadığın bir şeyi yapacağım. Allah'a secde edeceğim. Sen ise vesvese verir durursun ancak. Ne yaparsan yap, her engelin aksine beni yıldırmıyor, Allah'a daha çok daha çok yaklaştırıyor. Sen bu vesveseleri vermeseydin benim namazım nasıl kıymetli olurdu?

Şimdi özellikle bekliyorum şeytan efendi, madem bu kadar vesvese vermeyi ve beni yüceltmeyi seviyorsun, hadi bakalım! Senin vesvesen beni caydırmaz, aksine Allah'a olan ibadetimi daha kuvvetli, değerli kılar. Artık uyandım hamd olsun, Rabb'imiz uyandırdı..."

Evet, şeytanın başını bir kez daha taşlara vurmasına sebep oldun... Şimdi tekrar "Miraç"ı yaşamaya (Allah ile namazda buluşmaya) gelelim mi? Burası yine çok heyecanlı...

Secdede iken, "Ettehiyyatü" okurken şayet anlamını tefekkür edersen miracı yaşayabilirsin. Mealine göre anlatayım:

*Dil ile, beden ve mal ile yapılan bütün ibadetler Allah'adır. Ey Peygamber! Allah'ın selamı, rahmet ve bereketleri senin üzerine olsun. Selam bizim üzerimize ve Allah'ın bütün iyi kulları üzerine olsun. Şahitlik ederim ki, Allah'tan başka ilah yoktur. Yine şahitlik ederim ki, Muhammed, O'nun kulu ve Peygamberidir.*

Öncelikle o an bütün ibadetlerin Allah'a olduğunu ve O'nun karşısında bulunduğunu hisset. Allah'ın makamındasın. Sen orada köşede bekliyorsun. Sağ tarafta Allah teâlâ ve sol tarafta Efendimiz Hz. Muhammed (sav) var. İlk karşılaşmaları Allah ile Nebisinin...

Allah teâlâ o çok sevdiği Resulünü karşısında görünce sevgi ile karşılıyor ve diyor ki, "*Ey Peygamber! Allah'ın selamı, rahmet ve bereketleri senin üzerine olsun.*"

Peygamberimize ilk kelamı bu oluyor. Peygamberimiz O'nun sesini işitmeye nail oluyor. O anki mutluluğunu hissedebiliyor musun?

Ve Peygamberimiz, Âlemlerin Rabb'i olan Allah'a şöyle cevap veriyor: "*Selam, bizim üzerimize ve Allah'ın bütün iyi kulları üzerine olsun.*"

Yani Allah Resulü seni orada da, Allah'ın katında da unutmuyor. Nasıl bir insan, nasıl bir kul! Bakar mısın? Allah ile buluşuyor ve ilk iletişimleri, Allah'a verdiği ilk cevap dua olarak geliyor.

Kime dua? Sana dua... Ümmetine dua. Ne diyor? Allah'ım selamın bütün iyi kullarının üzerine olsun...

Duaya bakar mısın? Şimdi gel de ağlama, şimdi böyle bir peygamberin ümmeti olduğuna gel de gurur duyma...

Ve devam ediyor, o an muhteşem bir an... Muhteşem ötesi bir buluşma. Cebrail (as) bu buluşmanın içinde ve şahitlik ediyor. Diyor ki: "Şahitlik ederim ki, Allah'tan başka ilah yoktur. Yine şahitlik ederim ki, Muhammed, O'nun kulu ve Peygamberidir."

İşte bu anı hissettiğin an sen de namazda miraçtasın. Namazı huşu ile aşk ile kıldın...

Yine aynı şekilde Fatiha okurken, yine Allah ile konuşabilirsin.

Nasıl mı?

Resulullah Efendimiz (sav) buyurdular: "Cebrail (as) bana dedi ki: 'Allah teâlâ sana selâm söylüyor ve buyuruyor ki: Kul benim huzurumda namaza durup 'Allahu Ekber' dediğinde, onunla aramızda bulunan perdeyi kaldırırım.'"

Bu yüzden ben namazı huzura çıkmak, Aşk ile buluşmak ve Rabb'im ile iletişim içinde olarak hissederim. Bu insana muazzam bir derinlik getirecektir.

Huzura durdun ve Fatiha'yı okuyorsun... Peki o an neler oluyor, bunu tefekkür ederek hissetmeni isterim. Ruhumuzun derinlerde bu hissiyata o kadar çok ihtiyacı var ki...

Kul, **"Elhamdü lillâhi Rabb'el-âlemin**; yani, 'Hamd-övgü sadece âlemlerin Rabb'i olan Allah'a mahsustur' dediğinde, Allah teâlâ bu kulum benim Âlemlerin Rabb'i olduğumu tıpkı Kâlû Belâ'da olduğu gibi şimdi yine huzurumda tasdik etti" der.

Sonra kul, "**Errahmânir'rahim**; yani, 'Dünyada herkese merhamet eden, âhirette ise sadece müminlere merhamet edecek olan sensin' dediğinde, Allah, bu kulum benim Rahman ve Rahim olduğumun farkında, idrakinde ve karşımda bu idraki benimle paylaşıyor" der.

Yavaş yavaş, hissede hissede devam edelim olur mu? Hiç acelemiz yok... Biliyorum, şeytan bu kısmı hiç sevmiyor; ama onun başını şu an taşlara vurduğunu hissedebilirsin...

Daha sonra kul, Allah'ın huzurunda **"Mâliki yevmiddin"** der (Hesap-din gününün sahibi sensin Allah'ım). Bunun üzerine Allah teâlâ, "Ey kulum, evet, din gününün sahibi benim" der.

Kul, **"İyyake na'budü ve iyyake neste'în** (yalnız sana kulluk eder ve yalnız senden yardım isteriz) deyince, Allah teâlâ, "Ey kulum, mademki yalnız bana kulluk edip yalnız benden yardım istiyorsun, o halde istediğini dile ki sana verilsin" buyurur.

Kul, **"İhdinâ** (bize hidayet et) deyince, Allah teâlâ, "Hangi hidayeti istiyorsun" buyurur.

Kul, **"Essırâta'l-müstakîm** (Sırat-ı müstakim'i, doğru

yolu istiyorum) deyince, Allah teâlâ, "Hangi yolu istiyorsun" diye sorar.

Kul, **"Sırâtallezîne en'amte aleyhim"** (Allah'ım hani kendilerine nimetler verdiğin bahtiyarların yoluna); **"Ğayri'l-mağdûbi aleyhim veleddâllîn** (ne o gazap olunanların ne de sapkınların) deyince, Allah teâlâ, "Ey meleklerim, siz de şahit olun ki ben bu kulumu, kendilerine nimet verdiğim peygamberler, sıddıklar, şehitler ve salihlerle beraber kıldım; gazaba uğramışlardan ve sapkınlardan eylemedim" buyurur.

Kul, "Amin" deyince onunla beraber bütün melekler de "Amin" derler.

İşte namazı tefekkür ederek kılarsan, namazın yine Aşk'a dönüşür. Tüm hücrelerine kadar hissedersin. Bu yüzden Efendimiz (sav), "Namaz müminin miracıdır, Allah ile buluşmasıdır" diye hadis etmiştir.

Allah her an seninle. Sen samimi ol ve Rabb'ine dön yeter ki.

Ne sıkıntın varsa, bil ki Allah biliyor;

Denemekten, çabalamaktan yorulup cesaretin kırıldığında, bil ki Allah ne kadar uğraştığını görüyor;

Kalbin taş kesilecek kadar ağladığında, bil ki Allah döktüğün gözyaşlarını sayıyor;

Hayatın durduğunu, zamanın aleyhine işlediğini düşündüğünde, bil ki Allah seni izliyor;

Hayallerin yıkılmış, umudun kalmamış ve kendi kendine neden böyle, diye soruyorsan, bil ki Allah cevabını biliyor;

Hiç neden yokken içinde tuhaf bir huzur hissettiğinde, bil ki Allah sana rahmetini sunuyor;

Bütün işlerin yolunda gidiyor ve teşekkür etmek için her an bir neden daha oluyorsa, bil ki Allah seni kolluyor;

Bütün kalbinle dilediğin şey sonunda gerçek olduysa, bil ki Allah sana gülümsüyor;

Nerede olursan ol, ne düşünürsen düşün, ne yaparsan yap, bil ki

Allah biliyor…

Yani kısacası Allah her daim seninle, sana en yakın ve tek dost... Senden sadece O'na yüreğini açmanı bekliyor. O her yerde; bir fakirin kalbinde, bir hasta kulun ruhunda… Her yerde Allah var.

Ebu Hureyre (ra), Peygamberimizin (sav) şöyle buyurduğunu anlatıyor:

Allah teâlâ, kıyamet gününde şöyle buyuracaktır…

"Ey insanoğlu! Ben hasta olmuştum da sen ziyaretime gelmemiştin."

İnsanoğlu, "Ey Rabb'im! Ben senin ziyaretine nasıl gelirdim ki, Sen Âlemlerin Rabb'isin," diyecekti.

Allah teâlâ, "Bilmiyor muydun ki, hasta kulumun ziyaretine gitseydin benim ricamı ve ecrimi o hasta kulumun yanında bulacaktın" buyuracaktır.

Yine Allah teâlâ, "Ey insanoğlu! Bana yedirmeni istemiştim de, sen bana bir şey yedirmemiştin" dediğinde, insanoğlu, "Sen Âlemlerin Rabb'isin" diye cevap verecektir.

Allah teâlâ, "Bilmiyor muydun ki, filan kulum kendine bir şey yedirmeni istemişti de, sen ona yiyecek bir şey vermemiştin. Eğer ona yiyecek bir şey vermiş olsaydın, bunun ecrini bende bulacaktın" buyuracaktır.

Yine Allah teâlâ, "Ey insanoğlu! Senden su istemiştim de sen bana su vermemiştin" buyuracaktır. İnsanoğlu da "Ey Rabb'im, ben sana nasıl su vereyim ki, Sen Âlemlerin Rabb'isin", diyecektir.

Allah teâlâ, "Filan kulum senden su istemişti de sen ona su vermemiştin.

Eğer vermiş olsaydın, bunun sevabını bende bulacaktın" buyuracaktır (Müslim).

Allah bizlere tefekkür ile namaz kılmayı, ve yaşamayı nasip etsin inşAllah. Etsin ki ruhumuz aşk ile dolsun.

İşte böyle... Anneden söz ederken konu buraya geldi... İyi ki de geldi. Rabb'im böyle nasip etti:

Yazdıran O...

Kalem O'nun...

El O'nun...

İlim O'nun... Uğur Koşar kim ki? Hiç...

Allah lütfeder bu âciz kul yazar. Allah lütfeder, biz görürüz. O lütfeder biz işitiriz. O lütfeder biz yürürüz. Her an bizimle ilgilenen bir Rabb'imiz var. Her şeyimiz ile ilgilenen dostumuz, Veli'miz var. Daha ne olsun, öyle değil mi? Kulluğumuzun kıymetini bilirsek ne sıkıntı kalacak ne tasa... Her şey huzura dönecek inşAllah.

Allah'tan hiç kötülük gelir mi!

*Allah hayır verir de biz şer görürüz.*

*Hakkını mı aldılar?*
*Yaptığın fedakârlığı mı görmediler?*
*Allah bize yeter. O ne güzel Vekil ve Dosttur.*

## ÖFKE GELDİĞİNDE ŞEYTANI YERİNE OTURT

İnsanın en büyük sınavından biri de öfke, öyle değil mi? Bunu çoğumuz farkında olmadan yapıyoruz; farkına varınca da üzülüyoruz, pişman oluyoruz.

Özellikle kalbinde merhamet, vicdan olan insan ile şeytan çok uğraşır. Bu uğraşlardan biri de kulu öfkelendirmektir. Ona dikkat etmeni isterim. Sen bir olay karşısında bağırdığında, şeytan âdeta karşında göbek atmaya başlar ve kıkır kıkır güler (nasıl da kendime itaat ettirdim, diye).

Çünkü öfken şeytandandır, Rahmani değildir.

Öfkeleneceğin zaman hemen şu hadisi aklına getir:

Öfkelendiğinde hınç (intikam) almaya gücün yeterken Allah rızası için susarsan Allah da kalbini rızası ile doldurur.

Şimdi dikkat edersen iki ses var. Rahmani ve şeytani... Şayet sen şeytani sese kulak verirsen, o sana bağırıp çağırmanı ve kırıp dökmeni emredecek. Sen şeytanın sesine kulak verip onun emrini yerine getirdiğinde ne olacak?

Sen zarar vermekle kalmış olacaksın, öyle değil mi?

Sonra, şeytan çok kurnazdır... Kenara çekilip seni, "Niçin bunu yaptın, değer miydi? Herkesin kalbini kırıyorsun; sen değersizsin, eskiden böyle değildin, sen zaten bir işe yaramazsın" diyerek depresyona sokmak isteyecek...

Peygamber Efendimiz (sav), Hz. Fatıma (ra) annemize bir keresinde şöyle demişti: **"Ey Fatıma! Allah senin rızanla razı olur ve senin öfkenle öfkelenir."** (Sahih-i Buharî, Hadis No. 3483, 3437, Sahih-i Müslim, Hadis No. 4483)

O halde sen şeytanın emrine uyduğunda, Allah'ın öfkesini kendine çekiyorsun. Bunun yerine rıza göstererek, Rabb'inin rızasını kazandığında şeytan başını taşlara vuracaktır.

Oturup o an bunu izle. Sen öfke geldiğinde bir an durup, "Bunu yapmıyorum kör şeytan, seni mutlu etmiyorum. Ben Allah rızası için susuyorum. Döküp kırmayacağım. Burada sana itaat eden bir kul yok, Allah aşkı ile yanan bir mümin var. Bir sevgili, bir dost var" dediğinde, şeytan başını taşlara vurmaya başlayacak ve "Şimdi sana ne oldu? Niçin bana bunu yapıyorsun? Yıllardır benim sözümden dışarı çıkmıyordun" diye kendini parçalayacaktır.

Rabb'im biz kullarına ne güzel de nasihat ediyor âyetinde:

**"İnsanlara yumuşak davranman da Allah'ın merhametinin eseridir. Eğer katı yürekli, kaba biri olsaydın, insanlar senin etrafından dağılıverirlerdi. Öyleyse onların kusurlarını affet, onlar için mağfiret dile ve işleri onlarla müşavere et! Bir kere de azmettin mi, yalnız Allah'a tevekkül et! Allah muhakkak ki Kendisine dayanıp güvenenleri sever."** (Âl-i İmrân Sûresi, 159. Âyet)

Ve yine Peygamber Efendimiz (sav) diyor ki:

**"Güçlü, kahraman kimse, güreş minderinde hasmını yere seren değil, öfke anında nefsini yenen kimsedir."** (Buharî, Edeb, 76; Müslim, Birr, 107-108.)

İşte sen şeytana karşı bu tavrını sergilediğinde, onu yere sermiş olacaksın. O zaman evin, yuvan huşu içinde, rahmani bir enerjiyle dolmaya başlayacak. O zaman senin kalbinde çiçekler açacak. Şeytanın karatmak istediği kalbin, Allah'ın nuru ile nurlanacak inşAllah.

Görüyor musun? Ne kadar basit değil mi? Madem bu dünyada Allah'ın halifesisin, o halde sana şeytanı alt etmek düşer. Bu konuda Allah her zaman yanında, sen hiç merak etme.

Allah her zaman senin rızkını da bereketlendirir, kalbine de aşkı verir. Sen yeter ki içinde kin, haset gibi zehirleri tutma. Bırak gitsin.

İşte çoğu zaman bu yüzden sana içinde kin, nefret gibi duyguları yürcğinde barındırma diyordum. Şeytana hizmet etmeyi kimse istemez.

Belki bana kızıyorsun bu satırlar yüzünden; niye affedeyim ki, diyorsun!

Sevdiğim bir hikâye vardır:

*Akıllı birisi, atına binmiş gidiyordu. Yol kenarında uyumakta olan birisinin de ağzına yılan kaçmak üze-*

*reydi. Atlı, yılanı ürkütüp kaçırmak ve adamı kurtarmak için atını koşturdu, fakat yetişemedi.*

*Tutup o adama kırbacıyla birkaç kere vurdu. Uyanan adam, darbelerin acısıyla bir ağacın altına kadar kaçtı. Oraya bir hayli çürük elma dökülmüştü.*

*Atlı: "Bunları ye" diye emretti.*

*"Beyim" dedi adam, "Ben sana ne yaptım. Eğer bana hakikaten kastın varsa, vur kılıcı öldür. Sana çattığım saat ne uğursuzmuş. Ne mutlu senin yüzünü görmeyene... Dinsizler bile kimseye sebepsiz böyle yapmazlar."*

*Bir yandan da lanetler okuyor, beddua ediyordu: "Yâ Rabb'i, cezasını sen ver!"*

*Atlı ise onu dövüyor ve "Koş" diyordu.*

*Atlı, adamı epeyce bir zaman koşturdu. Nihayet adamın safrası kabardı ve yediklerini kusmaya başladı. Bu arada yılan da çıktı. Adam yılanı görünce atlının ayağına kapanıp, "Sen bir rahmet meleğisin" dedi. "Ne mübarek saatmiş ki seni gördüm. Sen beni analar gibi ararken, ben eşekler gibi kaçıyordum. Durumu biraz olsun bilseydim sana bu kadar kötü sözleri söyler miydim?! Sükût ederek kızgın göründün, hiçbir şey söylemeksizin kafama vurmaya başladın. Bağışla!"*

*"Eğer ben biraz olsun sana hali çıtlatsaydım, derhal ödün patlardı; içindeki yılanı bilseydin ne elma yiyebilir ne koşabilir ne de kusabilirdin. Sen bana söverken ben gizlice, 'Ya Rabb'i, işimi kolaylaştır' diye dua ediyordum."*

İşte senin de içindeki o yılan kin, nefret ve öfkedir!

Bazen öfkenden gözün dünyayı görmez, aileni görmez. Kimseyi görmez. Ama öfke ile kalktığında mutlaka zarar ile oturacaksın. Bunu her zaman yaşamışsındır. Kafanın içindeki sese bak!

Bu konuda şeytana kulak vererek artık uyumanın, şeytanı mutlu etmenin anlamı yok. O sana vur dedikçe vurup, şeytan sana kır dedikçe kırıyorsan şeytana itaat etmiş olursun. Bu konuda daha farkında yaşamanı dilerim.

Sonra yaptıklarımıza çok pişman olduğumuz zamanlar oluyor, öyle değil mi?

*Adam, kapının önündeki yeni arabasına bakmak için evinden çıktığında, küçük oğlunun gayet mutlu bir biçimde elindeki çekiçle kamyonunun kaportasını mahvettiğini görmüş. Hemen oğlunun yanına koşmuş ve çocuğun eline çekiçle vurmaya başlamış.*

*Biraz sakinleşince oğlunu hemen hastaneye götürmüş. Doktor, çocuğun kırılan kemiklerini kurtarmaya çalıştıysa da elinden bir şey gelmemiş ve çocuğun iki elinin parmaklarını kesmek zorunda kalmış. Çocuk ameliyattan çıkıp gözlerini açtığında, bandajlı ellerini fark etmiş ve gayet masum bir ifadeyle,*

*"Babacığım, kamyonuna zarar verdiğim için çok üzgünüm" demiş ve sonra babasına şu soruyu sormuş:* ***"Parmaklarım ne zaman yeniden çıkacak?"***

*Kin, haset ve öfke şeytanın dışkısıdır.
Kim onu içinde tutuyorsa
kendini zehirlemiş olur!*

*Öfkelendiğinde kızmak yerine Rabb'in için sabret ki
Allah da "Bu kulumun kalbini kendi rızam ile
doldurdum" desin.*

*Şeytan, seni değersiz, suçlu, işe yaramaz
hissettirerek depresyona sokmaya hazırlar.
Ona dikkat et! Ve o seni Allah'a isyan ettirmek için
önce depresyona sokar, sonra isyan ettirir!*

## ALLAH SORUNDAN ÖNCE ÇÖZÜMÜ HAZIRLAR, YETER Kİ SEN UMUDUNU KESME

Dert etme! Derdi veren Allah önceden dermanını da hazırlar, onu sana vermeden önce de sabır testinden geçirir... Allah bir kapıyı kapatmadan diğerini açar. Yeter ki biz kapanan değil, açılacak olan kapıya odaklanalım.

O kapı ne güzeldir, o kapı hayır kapısıdır. Yaşamımızın huzur kapısıdır. Allah'tan gelenin rahmeti vardır o kapının eşiğinde.

Her durumda üzülmek, umudu kesmek kula yakışır mı? Unutma ki:

**Bazen biten bir ilişki bazen kuş gibi hafiflemeni sağlar. Allah hep "hayır"la tecelli eder, sen "şer" sanırsın.**

Kul der ki, halim ne olacak? Buyurdu Rabb'imiz: **"ALLAH'ın rahmetinden ümit kesmeyin."** (Zümer Sûresi, 53. Âyet)

Rabb'inden ümidini kesme, zira O senin tek dostundur. Sen O'nu dost gör ki iblis senin yerine isyan etsin!

Evet, kesinlikle bunu yapmalısın. Şeytanı özellikle al

karşına bu durumda ve ona söyle: "Benim Allah'ım bana kâfidir. O her şeyin en iyisini bilen Âlim'dir. Senin vesvesene kulak vererek kendimi parçalayacağıma, sabrederek dostluk makamına ererim."

Rabb'im sorunu bir kere verir, sen şeytan... Sen binlerce kez aynı konuyu bana hatırlatırdın. Ama artık Allah uyanmamı nasip etti. Gerçeği görmemi nasip etti. Senin hilelerine karşı benim farkıma varmamı istedi.

Senin tüm amacın benim ümidimi Allah'tan, hayırlı olandan kesmekti...

Veli olan tek dost Allah kulunun bu farkındalığına sevinecektir. Tebessüm edecektir. Kulun nefsi ile mücadelesi Allah'ın çok hoşuna gider. Bu durumda bile kulun derecesi yükselir. En büyük cihat'tır kulun nefsi ile savaşı.

Hz. Peygamber (sav), Tebük Seferi'nden dönüşte ashabına şöyle buyuruyordu: **"Küçük cihattan büyük cihada dönüyoruz."**

(Razi, XXIII, 72; Beydavi, II, 97. Bu rivayetin zayıf olduğu ifade edilmiştir. bkz. Acluni, I, 424.)

Yani sahabeye, kulun nefsi ile mücadelesi Tebük Savaşı'ndaki mücadeleden daha büyüktür, diye ifade ediyor Allah Resulü (sav). İnsan her zaman nefsi ile mücadeledir. Bu mücadelede eğer Allah'a sığınır ve hiç umudunu kesmezsen kazanan sen olursun.

Allah'a olan umut, kulun şeytana karşı elindeki silahlardan biridir. Tıpkı dua gibi... Şeytan bu yüzden umudunu, tevekkülünü bozmak isteyecektir. Onun işi bu. Seni bunaltana kadar düşündürerek kalbine nifak tohumu ekmek!

De ki, Yâ Rabb'i, şeytanı kendi rahmetinden uzak tuttuğun gibi bizden de uzak tut. Sen ki Muahhir'sin, ötede tutan, geriye bırakan sensin.

Yalnız çok önemli bir konu var...

İnsan dostunu unutmaz, öyle değil mi?

İnsan dostunu sadece sıkıntısında da anmaz, öyle değil mi?

Bizim en büyük sorunumuzdan biridir: Başımız sıkıştığında Allah'a gidiyor, sonrasında unutuveriyoruz, dünyaya dalıyoruz.

Sevdiğim bir hikâye vardır:

*Adamın biri parasını sakladığı yeri unutmuştu. Ne kadar düşündü ise günlerce aramasına rağmen parayı sakladığı yeri bir türlü hatırlayamıyordu. Benim bu derdime bir çare bulursa o bulur diyerek, doğru İmam-ı Âzam Hazretlerinin huzuruna gelerek ne yapması lazım geldiğini sordu.*

*İmam-ı Âzam, bu senin meselen fıkıhla ilgili değil ama yine de sana bir akıl vereyim: "Sen git bu gece sabaha kadar namaz kıl, ümit ediyorum ki Allah sana paranı koyduğun yeri hatırlatır" dedi.*

*Adam o gece sabaha kadar ibadet etmeye karar verip abdest aldı, seccadesinin üzerinde ibadet etmeye başladı. Daha gecenin yarısı bile olmadan parayı koyduğu yeri hatırlayıvermez mi! Namazı bıraktı, parayı koyduğu yerden alıp yattı.*

*Sabah olunca İmam-ı Âzam'a: "Allah senden razı olsun, bu derdime de çare buldun. Daha gecenin yarısında parayı koyduğum yeri hatırladım" deyince İmam, "Keşke sabaha kadar ibadete devam etseydin. Çünkü şeytan senin sabaha kadar ibadet etmene tahammül edemediği için daha gecenin yarısında sana hatırlatmış. Sen parayı buldun, Allah'ı unuttun!"*

## ŞAHİT OLARAK ALLAH YETER
### (Fetih Sûresi, 28. Âyet)

Bize her zaman Rabb'imiz yetti ve yetmeye devam eder... İftiraya uğrasan da haksız yere hapis yatsan da yıllarca kimse görmedi, duymuyor diye üzülme. El Bâsir olan Allah, her şeyi en ince ayrıntısına kadar görüyor. Hepsinin bir hesabı var. Senin hakkını savunan yine Hak teâlâ'dır, hiç merak etme.

Bu dünyanın Allah katında hiçbir değeri yok. Olsaydı kâfire rızık vermezdi! O, bu dünyaya değer vermediği için senin hakkını inşAllah âhiretinde kendi savunacak. Seni en güzel yere, hak ettiğin makama eriştirecektir.

O bize şahit olarak da yeter, dost olarak da yeter, yardımcı olarak da yeter. Nefes alıyorsan Allah seni unutmamış demektir. Meleklerin her şeyi kayıt altına alıyor. Hiç şüphen olmasın. Sen yeter ki şahit olarak Allah'ı tut.

De ki, Yâ Rabb'i, yaşadığım bu musibet için seni şahit tutuyorum. Hakkımın alınmasından, ayağımın kaydırılmasından yine sana sığınırım.

Gerisini düşünme, bu kadar... Hepsi bu kadar... Bırak ilahî adalet yerini bulsun. Sen karışırsan nasıl bulacak... Allah'ın işine karışılır mı hiç! Sen tohumu ek ve yağacak rahmeti bekle. Biz tohum ekiyor ama bu sefer de yağmur neden yağmıyor, diyoruz... İsyandayız...

Yağmur kısmına karışma, Allah en doğru vakti bilir... Ve daima anımsa: Önemli olan saati değil, vaktidir. Vakit dolmadan Allah'ın yazdığı, uygun gördüğü tecelli etmez. Sen bu vakte sabır göster ki arada geçen zaman ibadete dönsün. Biliyorsun, sabır en güzel ibadetlerdendir. Allah rızası için sabreden kul ne güzel kuldur. O aşk olmaya yakın kuldur. Ondan yavaş yavaş gül kokuları kokmaya başlar.

*Şahit olarak Allah yeter.*

*Hakkın alındığında Yâ Hakem, Yâ Adl de ve düşünmeden Rabb'ine bırak. O ne güzel Vekil'dir; senin yüzünü güldürmek için her şeyi yapar.*

*Değer verdiğin insan senin değerini bilmiyorsa bırak kendi değeri ile kalsın.*

## NİÇİN KAFANA TAKIYORSUN Kİ ALLAH NASİP ETTİYSE ZATEN SENİNDİR

Ne güzel demiş Mevlana:

*Kısmet etmişse Mevla el getirir, yel getirir, sel getirir;*

*Kısmet etmemişse Mevla el götürür, yel götürür, sel götürür.*

Ne kadar şefkatli sığınağımız var değil mi? Sığınacak en güvenli tek yer, Rabb'imizin huzurunda olmak: Ne kızıyor, ne usanıyor ne de "Bıktım senden" diyor.

Âdeta hasretle kulunun kendisine derdini sunmasını bekliyor. Ve Allah'tan sadece ve sadece merhamet geliyor; süzülüp kalbimize işliyor...

Biz, elimizden gidene hemen üzülmeye alışmışız... Bu ne kötü bir alışkanlık! Oysa Allah kuluna niçin eziyet etsin... Hemen burada anneni düşün.

Annen sana eziyet eder miydi?

Kesinlikle hayır.

O halde, Allah'ın senin için başka bir ikramı var demektir.

Gerek rızık olsun, gerek eş; Rahman ve Rahim olan Allah sen istemeden de sana verir. Zaten dikkat edersen her şeyi bir anda karşına çıkartıyor. Sen istemeden de çoğu şeyi elde ettin... Kudret ve kuvvet sahibi sadece Allah'tır. İşte Rabb'imiz bizi böyle düşünüp güzellikler ile buluşturuyor. Biz yeter ki elimizdeki ile yetinmeyi bilelim. Elindeki ile yetinen kula Allah rahmet nazarı ile bakar. O kul gerçekten huzura erişir... İstedikleri arzu etmeden, hiç ummadığı bir anda önüne serilir...

Yeter ki nasip makamında yaşa.

Yâ nasip, "Allah De Ötesini Bırak"!

Sevdiğim bir kıssa vardır, paylaşmak isterim. Kıssaları seviyorum. Kitabı daha bütün ve anlaşılır kılar...

*Gencin birisi Kâbe'de hep, "Ey doğruların yardımcısı olan Allah'ım, ey haramdan sakınanların yardımcısı olan Rabb'im, sana hamdü sena ederim" diye dua eder.*

*Bu durum herkesin dikkatini çeker.*

*Birisi, "Neden hep aynı duayı okuyorsun, başka bir şey bilmiyor musun" der.*

*O da anlatır:*

*7-8 sene önce, yine Kâbe'de iken içi altın dolu bir torba buldum. Tam 1000 altın vardı. Nefs hemen, "Bu altınlarla, şunları şunları yaparsın" diyordu. "Hayır" dedim kendi kendime, "Bu benim değil başkasının malı; kullanmam, haram olur."*

*Bu sırada birisi, "Şöyle bir torba bulan var mı" diye*

*bağırıyordu. Çağırdım onu, "Nasıl bir torbaydı, içinde ne vardı" diye sordum.*

*Torbayı tarif etti ve "içiİde 1000 altın vardı" dedi. "Al öyleyse torbanı" diyerek verdim. Adam torbayı açıp içinden bana 30 altın verdi. Pazara gittim. Temiz yüzlü, genç bir esiri överek satıyorlardı. Gencin temizliği dikkatimi çekti. Yanlarına gittim, "Bu köle için ne istiyorsunuz" dedim. "30 altın" dediler.*

*Adamdan aldığım 30 altını verip genci satın aldım. Bir iki yıl geçti. Genç çok çalışkan, çok edepli idi. Onu aldığıma çok memnun olmuştum. Bir gün onunla giderken karşıdan iki üç kişi geliyordu.*

*Genç bana dedi ki, "Efendim, ben Fas Emiri'nin oğluyum. Bu gelenler ise babamın adamları. Beni buldular. Senden beni satın almak isterler. Sen iyi bir insansın, onlara 30 bin altından aşağıya satma beni" dedi.*

*O kişiler yanıma geldi, "Bu esiri bize satar mısın" dediler. "Satarım" dedim. "60 altın verelim" dediler. "Olmaz" dedim. "İyi ama sen bunu 30 altına almadın mı? Biz sana iki mislini veriyoruz" dediler. "Öyleyse gidin pazardan alın" dedim.*

*Artıra artıra 20 bin altına kadar çıktılar. "30 binden aşağı olmaz" dedim. Çaresiz kabul ettiler. Altınları verip, genci alıp gittiler. Ben o 30 bin altınla işyerleri açtım, ticaret yaptım, daha çok zengin oldum.*

*Bir gün bana arkadaşlar, "Çok zengin bir ailenin iyi bir kızı var. Babası yeni vefat etti. Onunla seni evlen-*

*direlim" dediler. Ben de "Olur" dedim. Nikâh kıyıldı. Deve yükleri çeyizini getirdiler. Çeyiz gelince bir torba dikkatimi çekti. Kıza, "Bu nedir" dedim. "İçinde 970 altın var, babam Kâbe'de bunu kaybetmiş, bulan gence 30'unu vermiş; kalanını da bana hediye etti, çeyizime koymam için."*

*Demek ki bulduğum altınlar benim rızkım imiş, vermese idim haram yoldan gelecekti, simdi helal yoldan yine bana geldi.*

*İşte bu yüzden bana yardım edip haramlardan koruyan, nice nimetler ihsan eden yüce Rabb'ime hamd ederim.*

*O'nun adaleti ve rahmeti tüm mahlukatı sarmışken hiç dert etmeye, korkmaya, endişelenmeye gerek yok.*

## *ALLAH'IN ADALETİNE SIĞINANLAR ASLA MAĞDUR OLMAZLAR*

***Allah'ın senin için uygun görüp hazırladığını***
***zihnin arzularına değişme ki***
***tevekkül, kalbine gerçek huzuru getirsin...***

## ALLAH'IN VERDİĞİNE RAZI OLMAK SENİ ALLAH DOSTU EDER

Rabb'in verdiğine razı olmak en büyük rıza makamıdır. O'ndan gelen, dosttan gelen her şey güzeldir. Fakat biz işimize gelene göre hareket ettiğimiz için Allah'a olan samimiyetimizi, tevekkülümüzü kaybediyoruz. Kul, işine göre değil Rabb'ine göre hareket ederse, Allah da onun mükâfatını dostluğu olarak verir.

*Bir çoban, keçilerini otlatırken bir uçurumun kenarına gelir, "Buraya düşen asla kurtulamaz" der ve oradan uzaklaşır. Çoban uzaklaşır uzaklaşmasına da, keçilerden biri otlanmak için o uçurumun kenarına doğru gitmektedir. Bunu gören çoban keçiye bağırır, taş atar; ama nafile...*

*Ne yapsa keçinin yönünü değiştiremez. En iyisi, der, gidip kendim döndüreyim. Tam keçiyi döndürürken ayağı kayar ve uçurumdan düşer.*

*Ölümle burun burunayken, hayatının son saniyelerini yaşarken aniden bir ağaç dalına tutunduğunu görür. Şükreder Allah'a, böyle bir anda onu hiç umma-*

*dığı bir dal ile kurtardığı için... Sonsuz bir teslimiyetle sığınır Allah'a ve hayatta kalmanın, yaşamanın tadını derinden hisseder.*

*Fakat yukarı nasıl çıkacaktır öyle bir yerden?*

*Tekrar yaşama nasıl tutunacaktır?*

*Eskisi gibi keçilerini otlatabilecek midir?*

*Çoban, bir yandan bunları düşünürken, diğer yandan da kendi lisanıyla: "Kimse yok mu, kimse yok mu!" diye de bağırmaktadır.*

*Saatlerce bağırmış, seslenmiş ama kimseye sesini duyuramamıştır çoban.*

*Sesi gitmiş ve kasları daha fazla dayanamayacak haldeyken tutunmaktadır ağacın dalına. Yine de kısılmış sesiyle "Kimse yok mu?" demeye devam etmektedir.*

*Bir an olsun umudunu yitirmez ve "Ey beni böyle bir yerden, bu ağaç dalıyla kurtaran Allah'ım. Sonsuz kudretinle kurtar beni, gönder bir dostunu da devam edeyim hayatıma" diye dua etmeye başlar.*

*Güneş batar, akşam olur ve sonra da gece çöker.*

*Hiçbir ışık kalmaz ama çoban yine de yitirmez umudunu.*

*Bunun üzerine Allah, hal lisanıyla seslenir çobana:*

*"Ey Kulum, onca zamandır tutundun yaşama, kaybetmedin umudunu ve unutmadın asla beni. Şimdi bırak ellerini o daldan ve gel bana, alayım seni yanıma" der.*

*Çoban, bir o yana bakar, bir bu yana ve "BAŞKA KİMSE YOK MU?!" der.*

Ben sana burada at kendini, öl demiyorum. Buna dikkat et. Sadece tevekkülden söz ediyorum. Tevekkül yani Allah'a olan teslimiyet, işimize gelen bir durum olmamalı diyorum.

Allah'ı sevdiğini söylüyorsun, sevgiden kötü bir şey gelir mi!

O sevginin kaynağı şimdi sana verdiği, karşına çıkarttığı şey nasıl çirkin bir şey olabilir!

O rahmetin kaynağı, o halde karşına gelen şey nasıl şer olabilir!

Kaynaktan sadece ne gelir? Elbette kaynakta olan ne varsa o gelir.

O halde, Allah'tan ne gelirse gelsin aşktır. Bunu böyle kabul ettiğin sürece Rabb'ine olan samimiyetin, boyutun yükselir. O seni dünyada rahmet nazarı ile anar.

Daima hisset; O seni "dostum" diye anıyor. Bunu hisset. Mazlumlar, hakkı alınmışlar, sıkıntıda olanlar dostluk makamındadır. Tabii sabrettiği sürece bu dostluğa erişirler...

Bazen de Allah özellikle vermez. Biz maddiyat isteriz, onu-bunu ister dururuz; ancak hayırlısını istemeye bir türlü egomuz, nefsimiz razı olmaz. Allah niçin kuluna eziyet etsin ki! O'nun bir bildiği vardır.

Bir gün Hz. Musa (as), çırçıplak bir fakir gördü ki, beline kadar kumlara gömülmüştü. Fakir dedi ki: "Yâ Musa, Cenâb-ı Hakk'a dua et de beni şu fakirlikten kurtarsın, artık dayanacak gücüm kalmadı."

Hz. Musa (as) dua etti, duası kabul edildi. Bir gün Hz. Musa (as), Tûr-i Sînâ'dan dönerken bir kalabalık gördü. Adı geçen fakiri, elleri-ayakları bağlı olduğu halde ortaya almışlar, seyrediyorlardı.

"Ne oluyor" diye sordu.

Dediler ki: "Bu adam şarap içmiş, sarhoşken birini öldürmüş, şimdi kısas edilecektir."

Kedilerde eğer kanat bulunsaydı, dünyada bugün kuşların nesli tükenmişti, öyle değil mi?

Bazı âcizler olur ki, biraz güç kuvvet kazanınca kolunu bükeceği âciz aramaya başlar.

Hz. Musa (as), Cenâb-ı Hakk'ın her işinde bir hikmet olduğunu hatırlayarak cüretinden dolayı tövbe ve istiğfar etti ve şu anlamdaki âyeti okudu:

***"Bununla beraber, Allah kullarına bol bol rızık seriverseydi, yeryüzünde azar ve taşkınlık ederlerdi. Fakat dilediği kadar ölçü ile indiriyor. Şüphesiz ki O, kullarından haberdardır, onları görendir."***

(Şûra Sûresi, 27. Âyet)

*Sen gizli hayranlık nedir bilir misin?*
*İnsanların sürekli takibi ve eleştirisi altında kalmaktır.*
*Sen yeter ki önüne bak. Allah fitne ve haset edene*
*gazap eder, seni ise merhametiyle sarar*

*İnsanların hakkımızda konuşup bizim buna*
*Allah için sabretmemiz ne güzel. Onlar alçalırken,*
*Allah şeref ve derecemizi yükseltiyor.*

## DUANI ALLAH'A EMANET ET

Sen dua ettiğinde şeytan güler ve der ki, "Ne de olsa birazdan sana vesvese verir, duan kabul olmaz" derim.

Kulun, şeytanı etkisiz hale getirmek için kullandığı bir silahtır aslında dua. Ama şeytan, "Boşuna dua ediyorsun" diyerek bu silahı senin elinden almak ister.

Duasız yaşam, ucunda gülü olmayan çiçek gibidir.

Dua hangi kapalı kapıyı açmadı ki, kul yeter ki umudunu yitirmesin. Aksine, umudun azaldığında, duana cevap yakın demektir.

Şeytan kurnaz ama kul daha da kurnaz olmalı. O, duanın ne zaman kabul olacağını iyi biliyor. Allah senin duana icabet edecekken, cevap verecekken hemen devreye girerek seni fitnelemek isteyecektir.

"Bak duan kabul olmuyor ki, Allah seni sevmiyor, sen günahkârsın" diyerek umudunu kesmeye çalışacaktır. Bunu daha önce de sana söylemiştim, şimdi altını çizerek tekrar söylüyorum: Şeytan, bazen Allah seni duymuyor, diye de vesvese verir.

Rabb'in, seni hiç duymaz olur mu; yaşadığın sıkıntı makamını yükseltiyor ve kendisine yaklaştırıyor, diye duana cevap vermeyi geciktiriyor sadece.

Ayrıca, daima anımsamanı isterim:

**Üzülmek kalbi nurlandırır. Sıkıntı, Peygamber ve Veli kullarına ikramıdır Allah'ın.**

Kul daima uyanık olmalı, şeytana yem olmamalı... Benim tüm niyetim daha farkında bir bilincin ortaya çıkmasına vesile olmaktır.

Dua ettiğin zaman de ki:

**Allah'ım, ben duamı sana emanet ettim**

**Emanetim sendedir**

**Senin takdirin her ne ise**

**Artık bilirim ki o senin**

**"Ol" emrindendir.**

**"O'nun emri, bir şeyi dileyince ona sadece 'Ol' demektir. O da oluverir."**

(Yâsin Sûresi, 82. Âyet)

Bu nedenle, sen sadece o güzel duanı; rahmetin kaynağı, en güvenilir olan Allah'a emanet et. O, emanetine en iyi bakandır öyle değil mi? Başka kime güvenebiliriz şimdi? Dost olarak da sana Allah yeter.

Bu yüzden sen duanı Allah'a, gerçek dostta emanet et. Oldu ki bu dünyada emanetine cevap alamazsan bile, âhirette "Allah'ım benim sende olan emanetim vardı" dersin. Allah seni özel olarak ağırlar. Benim kulum, bana güvenip emanet bıraktı, beni tek dostu gördü. Şimdi Allah'a düşen en güzel ikramdır.

Seni Rahim sıfatı ile kucaklar. Âhiretinde de merhamet eder. Bizim asıl âhirette merhamete ihtiyacımız var. Allah bu dünyada Rahman sıfatı ile herkese merhamet ediyor. Kâfirine bile bakmadan... Ancak âhirette sadece mümin kullarına merhamet edecek. İşte bu yüzden, Rahim sıfatı ile de Allah sizi sevgiyle kucaklasın.

Kulun tüm amacı; Rabb'inin rızasını, dostluğunu, sevgisini kazanmak olursa, Allah ona nice hayırlı kapılar açar.

Allah verse de vermese de, bu yüzden bize düşen bolca bir şükürdür. Güzelce bir şükürdür. Aşk dolu bir şükürdür.

Allah'a çok hamd et. Lakin, hamd şeytanın hoşlanmadığı bir durumdur. Hamd et ki vesvese, yerini huşuya bıraksın. Şeytanın bütün emeği senin şükrünle bir anda yıkılıp gitsin.

**"Hamd olsun Allah'a, bizden o hüznü giderdi; gerçekten Rabb'imiz çok bağışlayan ve şükrün karşılığını bolca verendir."**

(Fâtır Sûresi, 34. Âyet)

Rabb'im ne diyor bak! Ne güzelde uyarıyor bizi: "Ben, şükrün karşılığını bolca verenim" diyor. Allah bizden hiç zor bir şey istemiyor, beklemiyor; zaten O'nun hiçbir şeye ihtiyacı yok. Muhtaç olan mahlukattır. Allah Samed'dir.

Ve daima anımsa: Dua, Allah ile kulu arasındaki kutsal bir köprü, şükür ise o eşsiz köprüde açan çiçeklerdir.

İşte bu nedenle, sabrın taşıyorsa uyanık olman gerekir. Ya zihnin sesine kulak vererek depresyona gireceksin ya da huzura ereceksin. Sabrın tükendiğinde şeytanı şaşırt. Artık bunu yapmaya başla. Mesela bir pasta al ve kutlama yap. Ailen için en güzel yemekleri hazırla, güzel bir masa kur ve bunun sebebi olarak çevrene, "Sabrım tükeniyor, Allah yüzüme gülmeye başlıyor" dersin.

İşte şeytanı ve zihni şaşırtmanın yolu budur. Bildiğinin tersini yapmak, çaresizliği aşmak budur... Zihnin sana bugüne kadar isyanı öğretti, o tamamen şeytani çalıştı ve tüm enerjini alarak seni gerdi, seni tüketti. Seni intiharlara hazırladı. O tamamen senin kötülüğünü istiyor.

O, Allah ile aranı bozmanı istiyor. Çünkü Allah seni çok ama çok seviyor; yoksa melun şeytan niçin senle uğraşsın! Gidip fesat, haset insanla uğraşırdı.

Bırak insanlar sana "deli" desinler. Oysa sen, zihnin efendisi oldun. Şimdi sen bir köle değil, bir bilgesin. Eskiden zihin sana "üzül" diyordu ve üzülüyordun. "Bağır" diyordu bağırıyordun. "Vur" diyordu vuruyordun. Bu tamamen bir kölelik, öyle değil mi?

O sana ne dese, sen kumandalı oyuncak gibi zihnin emrini yerine getiriyordun. Şimdi bunun ne anlamı var? Artık efendi sensin. Artık ipler ellerinde. Çok şükür, bin şükür bize ilmi verene. Allah kulunun her zaman iyiliğini ister. O ne diyorsa, ne veriyorsa hoştur. Sen yeter ki acının içinde hoşluğu gör. Acının içindeki rahmeti gördüğünde o seni sarar. O rahmettir ki seni Allah'a dost eder.

Allah diyerek ötesini bırakan kullar, işte Rabb'lerine dost oldular. Onlar artık acı değil, sıkıntı değil; yükseliş, uyanış diyorlar. Sıkıntı seni Allah ile buluşturur. El açtığında, O'nun huzurunda olduğunu hissettiğinde ve seni duyduğunu duyumsadığında alacağın huzuru düşle.

Birebir iletişim içindesin Dostunla. Acını emanet ettiğin, en güvendiğin ile yalnız başınasın... Gerçek sevgili ile baş başa kaldın... O sana bakıyor tebessüm ile sen ise O'na... Aşk ile... İşte gerçek aşk budur. Bu buluşma, buluşmaların en güzelidir.

Sıkıntının bir dili var, o sana haber veriyor: "Haydi kalk ve Rabb'ine el aç" diyor. "Ancak sen Allah'a el açtığında, derdini O'na bıraktığında ben yok olmuş olurum. Bu benim tamamen sonum olur. Artık senin ruhunda barınamam. Artık senin enerjini alamam" diyor sorun...

İşte sıkıntı bu yönde sana haber veriyor, o güzel bir uyarıcı. Ben insanlara, "Depresyon güzeldir, o senin aydınlanmanın habercisidir" dediğimde şaşırıyorlardı. Şimdi bunda şaşıracak ne var? O bir alarm, sana sinyal veriyor, seni dürtüyor. "Allah ile buluşma vakti geldi" diyor sana.

Düşünceye biraz olsun kulak vermeni isterim. Düşüncenin sana anlatacaklarını dinle. Böylece iyi bir dinleyen olursun. İyi bir dinleyen, her çözümün üstesinden kolaylıkla gelir.

Bir isyankâr olacağına bir dinleyen ol. "Düşüncede hipnotik etki vardır" demiştim. Düşünceyi itme, ona git deme; yoksa daha çok büyüyecektir. Bu yüzden düşünceyi dinlemeye çalış. Onu karşına al ve radyo dinler gibi dinle. Bırak konuşsun, anlatsın. O dırdırcı bir kadın gibidir, içini boşaltmak ister.

Bu yüzden, sadece bırak zihin konuşsun; içini döksün, âdeta kussun. Sen ise sadece onu dinle. O sana geçmişi anımsatacaktır, anıları canlandıracaktır. Ve bazen geleceğe götürecektir. Senin başına gelebilecekleri sıralayacaktır. Korku, kaygı vs.

Şimdi buradasın öyle değil mi? Kitabını okuyorsun. Anın içindesin. Zihin karşında, o seni ya geçmişe götürüyor ya da geleceğe. Bırak götürsün bir süre... Onu izle, sonra karşına al zihni, onu önünde oturt. Misafir et.

Merak etme, düşünce misafirdir; gelir ve gider. Sen hiç ömür boyu kalan bir korku gördün mü? Yahut öfke? Bunun imkânı yoktur; misafir gelir ve gider. Sen zihne "sus" dediğinde ilgileniyorsun. Ona çay, kahve, pasta ikram ediyorsun; böyle bir ev sahibi bulmuş düşünce, niçin gitsin? Ben de olsam ben de gitmem! Senden besleniyorum, güzel enerjiler alıyorum; şimdi ne diye kendi kabuğuma çekileyim.

Ve sen düşünceye, sıkıntıya, korkuya, endişeye "git" dediğinde daha çok beslemiş olacaksın... O besili bir hayvana benzeyecektir; daha çok şiştiğini büyüdüğünü, irileştiğini göreceksin.

İşte insanların yaptığı budur: Önce düşünceyi, "Git, bıktık senden" diyerek besler, sonra da "Bu düşünceler beni terk etmiyor" diyerek isyan ederler.

Şimdi daha farkında olmalısın. Sen Allah'ın değer vererek yarattığı kulsun, bu yüzden benim için de değerlisin. Sana zihni tanıtmak, sana şeytanı tanıtmak isteyişim bu yüzdendir. Belki hayatın düzelir, vesile olurum; belki bana da dua edersin.

Uğur Koşar âciz kul, bugün var yarın yok. Amel defterim kabirde de açık kalır ve senden dua alabilirsem ne mutlu. Benim tüm gayem bu yönde. Biraz dua. "Allah razı olsun bu adamdan" demek bana kâfidir. Sizden de Allah razı olsun.

***Sabrınız tükeniyorsa***

***duanın kabul zamanı gelmiş demektir!***

## ALLAH'I ANIN, O'NU ANMAK ŞİFADIR

Ne güzel demiş Hz. Ömer (ra): "Allah'ı anmak şifadır."

Kul daima Allah'ı anmalı. Nerede olursan ol Rabb'ini an; çünkü O hep seni anıyor.

Bu konudaki âyetleri de paylaşmak isterim:

**"Onlar ayaktayken, otururken ve yanları üzerine yatarken Allah'ı anarlar; göklerin ve yerin yaratılışı üzerinde düşünürler. Ve 'Rabb'imiz! Sen bunu boş yere yaratmadın, Sen yücesin, bizi ateşin azabından koru' derler."** (Âl-i İmrân Sûresi, 191. Âyet)

**"Sabah akşam demeden, kendi içinden, korkarak ve yalvararak, alçak sesle Rabb'ini an ve gafillerden olma."** (A'raf Sûresi, 205. Âyet)

**"Onlar inanmışlar, kalbleri Allah'ı anmakla huzura kavuşmuştur. Dikkat edin, kalbler ancak Allah'ı anmakla huzura kavuşur."** (Ra'd Sûresi, 28. Âyet)

**"Sana vahyedilen Kitabı güzel güzel oku ve namazı kıl! Muhakkak sahih namaz edepsizlikten ve uygunsuzluktan alıkoyar. Muhakkak Allah'ı anmak en büyük iştir ve Allah, her ne işlerseniz bilir."** (Ankebut Sûresi, 29. Âyet)

**"Ey iman edenler! Allah'ı çokça anın."** (Ahzâb Sûresi, 41. Âyet)

İnsanın dostunu, tek yardım edenini anması, O'nun hakkında konuşması, O'nun büyüklüğünü azizliğini herkese anlatması kadar güzel bir şey var mı!

Üstelik sen O'nu andığında O seni daha çok anıyor.

**"Kulum beni zikrettiğinde, ben onunla beraberim. Kulum beni gizlice içinden zikrederse ben de onu özel olarak zatımla zikrederim. O beni bir topluluk içinde zikrederse, bende onu daha hayırlı bir topluluk içinde (meleklerin arasında) zikrederim."** buyurmaktadır. (Buhârî)

Bazen dualarımızın kabul olmama sebebi de budur. Kirli bir kalp... Küfürlü bir ağız öyle değil mi? Şimdi, kiri temizlemeden nasıl nurlu dua ağızdan çıkabilir ki? Dua nurdur ama o fesatlık, karanlık, kin, zehir içinde kirleniyor. Nuru kaçıyor.

Bu yüzden zikir, yani Allah'ı anmak senin ruhunu temizler, kalbini temizler, ağzını temizler. Ve duan tekrar nurlanır, tıpkı bir çocuğun duası gibi saf ve temiz… Pırıl pırıl... Bir pırlanta gibi parlayan dua... Duanı bile temiz tut. Allah'a en güzel şekilde sun onu.

İşte Allah'ı anmak böyle şifadır…

Yerde ve gökte her şey Allah'ı anar:

**"Göklerdeki ve yerdeki her şey Allah'ı tesbih etmektedir. O, üstündür, hikmet sahibidir."** (Haşr Sûresi, 1. Âyet)

Hz. Süleyman'ın (as) bildirdiğine göre, bazı kuşlar öterken derler ki…

**Tavus kuşu:** Cezalandırdığın gibi cezalandırılırsın.

**Hüdhüd:** Merhamet etmeyene merhamet olunmaz.

**Göçeğen:** Ey günahkârlar, Allah teâlâ'dan af ve mağfiret isteyin!

**Kaya kuşu:** Her canlı ölecek, her yeni eskiyip çürüyecektir.

**Kırlangıç:** Ne yaparsanız, onu bulursunuz.

**Güvercin:** Yeri göğü mahlukatla dolduran Rabb'imi, noksan sıfatlardan tenzih ederim.

***Kumru:*** Sübhâne Rabb'iyyel-a'lâ.

**Karga:** Allah teâlâ her şeyi helak edecektir.

**Kustat kuşu:** Susan, başına bela ve musibet gelmesinden kurtulur.

**Papağan:** Düşüncesi dünya olan kimseye yazıklar olsun!

**Doğan:** Sübhâne Rabbî ve bihamdihî.

Hz. Mevlânâ, horozun bizlerin kulağına gelen "ü-ürü-üüüüüüüüü" sesinin aslında "Üzkürûlâh" olduğunu da farklı bir Mesnevi beytinde açıklar. Yani,

"Allah'ı anın".

O halde kul, daima farkında olup tefekkür ile yaşamalı ki ruhu beslensin. Bu güzel halden nasibini alsın.

Ben yeşillik yerde bulunmayı çok severim, çünkü ağaçlar ve kuşlar zikir halindedir ve bu zikir beni rahatlatır. Sadece beni değil hepimizi rahatlatır. Hani küçükken pikniğe gittiğinde ne kadar da mutlu ve huzurluydun, öyle değil mi?

Çünkü orada muazzam bir zikrin içindesin. Fakat bir alışveriş merkezi ya da çok kalabalık -betonlardan oluşan- bir cadde seni boğmaya başlar. Orada zikir azdır, ruhun bundan fayda göremez. Orada genelde nefs enerjisi vardır. Hep alayım, alışveriş yapayım; yoğun egosal bir enerji...

Bu yüzden bir alışveriş merkezinde kasıldığını, yorulduğunu hissetmeye başlarsın. Orada zikir halinde pek kimse yok. Nasıl olabilir ki!

Elbise mi alsam, ayakkabı mı? Ne yesem? Tabii ki bunlara ihtiyaç var fakat ben bunların olduğu yerde zikrin olmadığını anlatmaya çalışıyorum. Bu yüzden kasıldığını ifade etmek istiyorum. Müslüman güzel giyinmeli. Allah güzeldir, güzel giyineni sever. Bu konu ayrı, karşı olduğum bir durum yok, bu haddime değil zaten. Sadece insanları izle ve göreceksin... Onların olumsuz enerjisinden sen de etkileniyorsun!

Bu yüzden ben seni daha farkında olarak, doğada ruhunu beslemeni isterim. Bu sana iyi gelecektir. Baktığın her yerde Allah'ı zikreden mahlukat var. Ağacı, taşı, toprağı, kuşu vs.

Derin bir nefes al ve yoluna aşk ile devam et. Allah'ı anan ortamda olmak da şifadır. Evrende şifaya, huşuya vesile olacak enerji yayılıyor; ama bunun farkında olanlar nasibini daha çok alacak, öyle değil mi?

Amacım bu enerjiden yararlanman. Ruhunun huzur bulması... Sen huzurlu olursan ailen de huzurlu olur. Sen güzel bakarsan dünya da değişir, güzelleşir.

# RIZKI ALLAH ÖNCEDEN HAZIRLAR

**"Yeryüzünde rızkı Allah'a ait olmayan hiçbir canlı yoktur."** (Hûd Sûresi, 6. Âyet)

Rızık konusu gerçekten çok önemli, depresyona giren insanların, stres içinde yaşayan ve bu yüzden ailesine de âdeta işkence çektiren insanların sayısı o kadar çok ki...

İnsanın derdi yarına kalabilmek... Bu yüzden çalışıp didiniyor. Tüm amaç yaşayabilmek, hayat mücadelesi ve bu çok doğal; buna asla karşı değilim. Yalnız biz endişe içindeyiz. Rızık konusunda daha çok çalışıp doymak bilmeyen nefsin esiri olmuşuz.

Nefs hiç doymaz ki... Bir odalı evin olsun istersin ve kazanıp sahip olabilirsin fakat nefs daha sonra bunu beğenmeyecektir. "Bu ev küçük, daha büyük bir ev olsun" diyecektir.

Ayağımı yerden kesecek bir arabam olsun istersin; fakat onu elde edince doyumsuz nefs yine sana, "Bu arabadan daha güzeli var, şu özellikleri de içinde olan bir araba olsun" diye emir verecektir. Seni köle etmeye çalışacaktır.

Bu böyle devam eder. Burada sana anlatmak istediğim, "Otur, çalışma" mesajı da değil, "Hiçbir şey alma, elindeki ile yetin" durumu da... Tam olarak anlatmak istediğim, çalışırken stres yaparak ruhunun ayarını bozmaman ve bunu ailene yansıtmaman.

Çünkü bu koşturma içindeyken gerileceksin, yorulduğun öfkeleneceğin zamanların olacak. Çünkü mutsuzluk, "Senin istediğin ile hayatın sana sunduğu uyumsuzluktan ortaya çıkıyor" demiştik, anımsadın mı?

Ben daha dingin, daha huzurlu ve daha tevekkül ile yaşamandan yanayım. Evet, rızık biz doğmadan çok önce hazırdır. Allah bizim için her şeyi düşünmüştür ve seni dünyaya hazır bir şekilde göndermiştir.

Bazılarımız, "Oturduğumuz yerden rızık mı gelir" düşüncesinde. Eğer tevekkül içinde yaşarsan, elbette gelir ve gelmiştir de. Biraz farkına varmanı isterim. Sen henüz anne karnındayken, "Şimdi ben dünyaya gelince ne yiyip içeceğim" diye düşünmüyordun, öyle değil mi?

Tevekkül içindeydin o zamanlar, aydınlık bir varlıktın. Tam teslimiyet içindeydin ve sonra Allah nasip etti gözünü dünyaya açtın ve dünyaya gözünü açmanla birlikte rızık da oradaydı, tam önünde...

Evet, rızık annenin göğüslerinde hazır durumdaydı. Rezzak olan Allah, sen doğmadan her şeyi düşünmüş... Görüyor musun? Rabb'in seni unuttu mu sandın!

Sen şayet yeni bir güne gözlerini açıyorsan, Allah mutlaka rızkını bir yerden gönderecek demektir, bunu asla unutma. Bunu unutmadığın sürece ruhun zarar görmeyecektir. Tevekkül ile gelen aşk zaten özünü, senin ruhunu ısıtacaktır.

Hz. İsa (as) ne güzel demiş: "İnsanlara şaşıyorum. Allah onlara dünyada rızık garanti etmişken, büyük bir hırsla çalışıyorlar; fakat âhiret için çalışmayı emretmişken, bu konuda Allah bir garanti vermediği halde aynı hırsı göstermiyorlar!

İsa (as) çok haklı... Biraz kendini izlediğinde göreceksin. Senin yaşamın âdeta bir kâbusa dönüştü. Bu, "çalışma, otur" anlamına gelmiyor ama denge güzeldir, denge seni huzurla buluşturur. Önce işini garantiye al, sonra tevekkül et.

Yani toprağa önce tohumu ek ve sonra Allah'tan yağmur iste. De ki: "Rabb'im, ben tohumu ektim, şimdi artık elimden bir şey gelmez; senden yağmur, rahmet bekliyorum." İşte tevekkül budur.

Sahabenin biri, devesini ortada bırakıp mescide girdiğinde, Peygamber Efendimiz (sav) soruyordu: "Deveni niçin bağlamadın?"

Sahabe diyordu ki: "Ey Allah'ın Resulü, ben devemi Allah'a emanet ettim." Efendimiz sav cevap veriyordu: "Önce deveni bağla, sonra Allah'a emanet et!"

Tedbir önemli ama endişe farklı bir şey, öyle değil mi?

Evet, yeter ki rızık konusunda endişe içinde olma. Çünkü endişe, şeytanın vesvesesidir. Seni olumsuz düşündürür. Geleceğe ait kaygılar verir: ya her şeyini kaybedersen ya batarsan ya eski günlerine dönersen...

Bu tür vesveseler ile seni daha çok hırslandırır, korku içinde yaşatır ve tevekkülünü bozmaya çalışır. Ve ayrıca seni, daha önce bahsettiğim gibi, kötü niyete sokmaya hazırlar. Ya her şeyimi kaybedersem, kaygısının altında ben bir gün her şeyimi kaybedeceğim niyeti, korkusu vardır. Bunu da sadece Allah bilir. Bu düşünceye inanma, bırak o vesvese versin; sen yeter ki bu niyete girme…

Allah dilerse şeytan ile bile sana rızık getirir ve kapına bıraktırır!

Sevdiğim bir kıssayı paylaşmak isterim:

*Yaşlı kadın tevekkül içinde yaşayan bir insanmış…*

*Her sabah kapısının önüne çıkar ve bağıra bağıra dua edermiş: "Allah'ım bize verdiklerin için sana şükürler olsun!"*

*Ve ardından her seferinde de yan komşusunun sesi duyulurmuş: "Allah yok kadıııın Allah yok!!!" (HAŞA)*

*Yaşlı teyze ne kadar sinirlense de yine her sabah dua edermiş, öteki komşu da inadından her seferinde ona öyle bağırırmış…*

*Neyse bir akşam, komşusu yaşlı teyzeye bir oyun etmeye kalkmış ve markete gidip bir sürü meyve, sebze, ekmek vs. alıp torbalara doldurmuş, yaşlı teyzenin kapısının önüne bırakmış…*

*Ertesi sabah teyze kapıyı açıp da yiyecekleri görünce çok şaşırmış ve sevinçle bağırmış: "Sana şükürler olsun*

*Allah'ım, bu gönderdiğin yiyecekler için sana şükürler olsun!"*

*Ve ağacın arkasından onu seyreden komşusu seslenmiş: "Allah yok kadıın Allah yok!!! (HAŞA) O yiyecekleri ben aldıııııım!!!"*

*Yaşlı teyze hiç istifini bozmadan:*

*"Yüce Allah'ım sana ne kadar şükretsem azdır, hem bu yiyecekleri göndermişsin, hem de parasını şeytana ödetmişsin!.."*

Tevekkül içinde yaşamak ne güzel, öyle değil mi? Biz bu güzel hali çocuklarımıza da aşılayabilelim... O zaman ne güzel bir dünya olur...

## ANNE VE BABALAR, ÇOCUKLARI FARKINDA OLMADAN HAYATTAN KOPARTIYOR

Bizler farkında olmadan, yavrularımızı koruyalım derken onları daha çok bunalıma sokabiliyoruz. Yetişkin hale gelmiş danışanlarımın çoğu aynı şeyi söylüyor:

"Hocam, annem takıntısı yüzünden beni psikologlardan çıkartmadı. Yok öğrenme güçlüğüm varmış, yok hiperaktifmişim, yok özgüvenim eksikmiş, yok istedikleri gibi değilmişim... Ömrüm, küçük yaşlarda psikologlarda, pedagoglarda geçti!"

Bir çocuğun, Allah aşkına bu yaşta ne sorunu olacak da bu kadar doktor doktor gezdirip egonuzu tatmin ediyorsunuz! Bence, çoğu annenin bu konuda terapiye ihtiyacı var. Kaygı, korku, takıntı içindeler ve bunun sonucunu yavruları çekiyor!

Elbette, bir çocukta aşamadığı bir sorun olabilir, bu konuda bir uzmandan destek almak da doğaldır; ama benim söz ettiğim olay çok farklı... Biz çocukları kendimizi benzetmeye çalışıyoruz!

Onların ayrı bir dünyası olduğunu unutuyoruz. Çocuklara kölelerimiz gibi davranıyoruz çoğu zaman. Sözümüzü onlara geçiremezsek çıldırıyoruz, dövüyoruz... Sonra da vicdan azabı çekiyoruz.

Bazılarımız, küçük yaşta çocukların, "Sen aptalsın, hiçbir şeyden zaten anlamazsın, senden adam olmaz. Senden bir baltaya sap olmaz" gibi sözlerle resmen bilinçaltlarını kodluyoruz.

Daha önce söylemiş miydim hatırlamıyorum, birine kırk kere deli denildiğinde gerçekten deli olduğunu gözlerimle gördüm...

Anne baba ayrı bir çocuk; anne çalıştığı için babaanne bakıyor. Çocuk ergen ve babaannesi sürekli ona, "Sen delisin. Sen delisin... Arkadaşlarına mahallede; bu çocuk deli, bunla oynamayın" diyerek çocuğu deli hale getirmişti.

Bize heyet raporu ile gelmişlerdi. Sözlerimizin yavrularımız üzerinde etkisi o kadar büyük ki, neye inanırlarsa o şekilde yaşıyorlar. Bir çocuğu, "Sen salaksın, senden adam olmaz" diyerek empoze altında tuttuğunda, ondan nasıl sağlıklı bir birey olmasını bekleyebilirsin...

*Bir gün, kurbağalar arasında yarışma yapılacakmış... Yarışın amacı, çok yüksek bir kulenin tepesine çıkmakmış. Bir sürü kurbağa yarışı seyretmek için toplanmış ve yarışma başlamış. Kule o kadar yüksekmiş ki seyircilerin hiçbiri yarışmacıların başarabileceğine inanmıyormuş. Destek vermek yerine başlamışlar bağırmaya:*

*"Zavallılar! Hiçbiriniz başaramayacaksınız!"*

*Yarışmaya başlayan kurbağalar ümitsizliğe kapılıp, kulenin tepesine ulaşamayacaklarını düşünüp, teker teker yarışı bırakmaya başlamışlar... İçlerinden sadece bir tanesi, inatla ve yılmadan kuleye tırmanmaya devam etmiş.*

*Seyirciler bağırıyorlarmış:*

*"Zavallılar! Hiçbiriniz başaramayacaksınız!"*

*Sonunda, geriye kalan son bir kurbağa yarışı bırakmamış ve büyük bir gayret ile kulenin tepesine çıkmayı başarmış.*

*Seyirciler ve diğer yarışmacılar, hayret içinde bu işi nasıl başardığını öğrenmek istemişler. Bir kurbağa ona yaklaşmış ve sormuş:*

*"Bu işi nasıl başardın?"*

*Kuleye çıkan kurbağa cevap vermemiş ve o an farkına varmışlar ki kurbağa meğer sağırmış!*

Çocuğun okula gitmeyebilir, okulu sevmeyebilir. Okula giderken zorlanabilir. Ya da çocuklarımız ile aramızda aşamadığımız başka bir sorun da olabilir. İşte bu durumda, "Allah de ötesini bırak"... Ve göreceksin, Allah işleri nasıl da düzene koyuyor!

Bundan hiç şaşıracak bir durum yok. Ben ne zaman bir sıkıntı yaşasam, "Allah'ım sana dayandım, işimi sana teslim ettim, seni dost ve yardımcı bildim. Bu derdime bir tek sen çare olursun" diyerek, işimi Allah'a teslim ederim ve bakarım ki sorun ortadan kalkmış... Her şeyi yoktan var eden bir Allah için benim sorunum ne ki!

Bu yüzden, biz çocuklarımıza hakaret değil de güzel ilim verelim. Hz. Ali'nin (ra) bu konuda oğluna nasihati bize çok güzel bir örnektir.

Bu arada şeytanı bilirim, işe yarar bir bilgi olduğu için seni sıkmak isteyecektir; ne kadar da uzun, diye vesvese vermek isteyecektir. Nefsine ağır gelen her şey güzeldir, bunu kalbine yazmanı isterim. Nefsine ağır geliyorsa, şeytan başını taşlara vuruyordur...

*Ey oğul!*

*Hayatımın son demlerindeyim. Günden güne zayıflıyorum. Onun için sana bu öğütleri bildirmekte acele ediyorum. Çünkü düşündüğüm bütün şeyleri sana söylemek için fırsat bulamadan ecelimin gelmesinden, vücudum gibi hafızamın da zayıflamasından, heva ve heveslerin veya dünya fitnelerinin benim nasihatimden önce kalbine hâkim olmasından; bunun neticesi olarak da huysuz bir ata benzemenden endişe ederek sana nasihatimin bir kısmını yazıyorum.*

### *İyi insanların izini takip et...*

*Ey oğul!*

*Benim bu vasiyetimden edineceğin şeylerin en hayırlısı, Allah'a karşı tavırdan korkup O'na sığınmak,*

*O'nun sana farz kıldığı şeyleri yerine getirmek, ecdadının ve geçmiş iyi insanların izini takip etmektir.*

## Ecdadını örnek al...

*Ey oğul!*

*Şimdi sen kendi nefsine nasıl güvenerek bakıyorsan, senden önce gelip geçen ecdadın da aynı şekilde kendilerine güveniyorlardı.*

*Şimdi sen nasıl düşünüyorsan, onlar da öyle düşünüyorlardı. Fakat neticede iyi ve doğru şeyleri tuttular, vazifelerini noksansız yapmaya çalıştılar.*

*İşte onların neticede vardıkları şeye sahip olup takip ettikleri yolda gitmek istiyorsan, onların baştan beri takip ettikleri yoldan ayrılma. Fakat bu şüphelerini çoğaltmak ve düşmanlarını artırmak için değil, doğruyu ve hakikati anlayıp öğrenmek için olsun.*

## Allah'a sığın...

*Ey oğul!*

*Her hususta önce Allah'a sığın, O'ndan başarı dile. Seni şüpheye düşürecek veya bir kötülüğe itecek şeyleri terk et.*

*Kalbinin bütün kötülüklerden duruldugunu, fikirlerinin toplandığını ve tek arzunun hakikat olduğunu görünce, sana söylediğim hususları düşünmeye başla.*

*Şayet bunlara sahip olduğuna emin değilsen, karışık mevzulara girme. Aksi halde önünü göremeyen adam gibi olursun ki, her an içinden kurtulması zor olan çukurlara, uçurumlara düşersin.*

*Böylece karanlıklar içinde, zulmetler arasında boğulup mahvolmaya mahkûm olursun.*

*Önünü görmeden yürümek ve her an uçurumlara yuvarlanmak tehlikesiyle karşı karşıya kalmak ise, İslâm'ı öğrenmeye çalışanlara yakışmaz.*

**Her şey Allah'ın elinde...**

*Ey oğul!*

*Bu tavsiyelerimi dinle ve anla.*

*Her canlının ölümünü elinde tutan kim ise, yaşamasını elinde tutan da O'dur.*

*Varlıklara can verip yaşatan kim ise, öldürecek olan da O'dur.*

*Zenginleri fakir, fakirleri zengin yapan yine O'dur.*

*Her türlü belayı ve hastalığı veren de O, şifa ve devasını veren de O'dur.*

*Dünya taşıyla, toprağıyla, rengiyle, şekliyle, ağaçlarıyla ve meyveleriyle O'nundur; O'nun takdiri üzerine hareket etmektedir.*

*Âhiret cennetiyle, cehennemiyle ve bizim bilmediğimiz daha birçok şeyleriyle O'nundur.*

**Her şeyi Allah'tan bil...**

*Ey oğul!*

*Bu hususta birinin bilmediğini görünce, onu cehaletine say. İlimde ne kadar ilerlersen, bilmediğin birçok şey şüphesiz, yine bulunacaktır. Zira düşünme ufkunun dışında, görme gücünün çok ilerisinde bulunan nice şey vardır.*

*Allah bazı şeyleri sana öğretmişse, onu kendi gücünle meydana getirip kazandığını zannetme! Çünkü sen; seni yaratan, rızık veren ve seni en güzel bir surette meydana getiren Ulu Yaratıcı'ya sığın.*

*İbadetin O'nun için, aşkın O'nun için, korkun ve sevgin O'nun için olsun.*

**Peygamberi önder olarak al...**

*Ey oğul!*

*Peygamberin Allah hakkında bildirdiğini hiç kimse bildirmedi ve bildiremez. Onu bir önder ve kurtuluş ordusunun kumandanı olarak kabul et.*

**Allah'ın rızasını ara...**

*Ey oğul!*

*İlâhî kudret karşısında kendi küçüklüğünü ve zayıflığını düşünerek hareket et.*

*O'nun karşısında âcizliğini ve güçsüzlüğünü düşün.*

*Her hususta O'na ihtiyacın vardır. O'na yönel, rızasını dile.*

*Cezasından kork. Emirlerini yerine getirmeye çalış. Çünkü O iyilikten başkasını emretmez.*

*Yasaklarından kaçın, çünkü O kötülükten başkasını yasaklamaz.*

**Daha iyi bir yerde konaklamak isteyen kervan gibisin...**

*Ey oğul!*

*Dünyanın ve içinde bulunan her şeyin başka bir yere göç edeceğini, âhireti ve orada insanlar için hazırlananları bildirdim.*

*Bunlar hakkında senin ibret alman için bazı misaller verdim. Bu misallerle senin kurtuluşunu ümit ettim.*

*Dünyayı bütün halleriyle bilen kimse, kervanın içindeki bulunan bir yolcuya benzer ki; devamlı rahatı, temizliği ve havası daha iyi olan bir yerde konaklama hazırlığındadır.*

*Bunun için, yolculuğun her türlü zorluk ve sıkıntılarını, arkadaşlardan ve maldan ayrılma ızdıraplarını göze almış bulunmaktadır. Çünkü o gittiği yerde daha iyi bir mesken bulacağından emindir.*

*Oralarda eski elemlerden hiçbirini görmeyeceğini, rahat ve saadet içinde yaşayacağını şeksiz, şüphesiz bilmektedir.*

*Onun için, kendisini buraya ulaştıran ve eski yerinden daha iyi bir yer bahşeden Birisinden başka düşüncesi yoktur.*

*Dünyada kendisine verilen nimetlerle mağrur olup sonunu düşünmeyen kimse ise; çok verimli bir topraktan verimsiz, kıraç bir toprağa göç etme mecburiyetinde kalan bir kervana benzer ki, onun için bu göçten daha feci bir şey düşünülemez.*

**Herkesi kendin gibi bil...**

*Ey oğul!*

*Kendini başkaları için ölçü kabul et. Diğer insanları tıpkı kendin gibi tut.*

*Kendi nefsin için istediğin şeyi başkaları için de iste.*

*Kendi nefsin için sevmediğin şeyi başkaları için de sevme.*

*Kendine iyilik yapılmasını istediğin gibi başkalarına da iyilik et.*

*Başkalarında kötü gördüğün şeyi kendin için de kötü gör.*

*Sana da başkalarına yaptığın şey kadar yapılırsa ona razı ol. Yaptığından fazlasını isteme.*

*Sana söylenmesini istemediğin şeyi sen de diğerlerine söyleme.*

*Başkalarının seni nasıl görmesini istiyorsan sen de başkalarını öyle gör.*

## Kendini beğenme...

*Ey oğul!*

*Kendini beğenmek kesinlikle doğru değildir.*

*Kibir kalbin afetidir.*

*Bütün gücünle çalış, malını senden sonra gelecek mirasçılar için hazırlayıp biriktirme; Allah için bağışlanacak yerlere dağıt.*

*Arzu ettiğin bir şeyi elde edersen onu kendinden bilme.*

*Allah'a şükret ve O'nun sevgisini kazanmaya çalış.*

## Gücünün yetmediği şeylere karışma...

*Ey oğul!*

*Önünde, seni âhirete götürecek uzun bir yol ve sıkıntılı günler var.*

*Dünya malından sana yetecek miktarını düşün ve sadece onu al. Başkasını yüklenme. Zira ondan, zarardan başka bir şey gelmez. Gücünün yetmediği şeylere karışma.*

*Fakirleri görürsen onlara yardım et. Onlar hem üzerindeki ağırlığı kaldırırlar ve seni malın felaketinden kurtarırlar hem de ihtiyacın olduğu zaman (kıyamet gününde) onu sana geri verirler.*

*Gücün yettiği kadar sadakayı artır. Eğer böyle yap-*

*mazsan, ihtiyacın olduğu zaman onu ararsın fakat bulamazsın.*

*Dara düştüğün zaman -sana geri vermek üzere- senden ödünç isterse, isteyenleri reddetme.*

**İyi kimselerle düş kalk...**

*Ey oğul!*

*İffeti muhafaza ederek çalışmak, kötülükle zengin olmaktan hayırlıdır.*

*İnsanın sırrını en iyi yine kendisi muhafaza eder.*

*Bazı kimseler bulunur ki, kendi zararına çalışır.*

*Çok konuşan, dostlarını gücendirir; düşünceli olan insan iyi görür.*

*İyi kimselerle düş kalk ki, onlardan olasın.*

*Hayırsız kimselerden uzak dur ki, onlardan ayrılmış olasın.*

**Haram ne kötü yemektir...**

*Ey oğul!*

*Haram ne kötü yemektir; güçsüzlere zulüm, zulmün en çirkinidir. Tecrübe ettiğin şeylerin hayırlısı, sana ibret verendir. Alçak tabiatlı yardımcılarda, kötü zan sahibi dostlarda ihtiyar ve irade yoktur.*

*Sakın inat bineği sana üstün gelmesin.*

## Sertlik gösterene yumuşak ol…

*Ey oğul!*

*Nefsini; kardeşin seninle irtibatı kestiğinde onunla irtibata, sana yüz çevirdiğinde lütfa, pintiliğinde cömertliğe, uzaklaştığında yakınlığa, şiddetlendiğinde yumuşaklığa, suç işlediğinde özür dilemeye sevk et.*

*Sakın bu hareketi yersiz olarak yapma… Yahut ehil olmayanlara yapma.*

*Dostunun düşmanını dost edinme; dostuna düşmanlık etmiş olursun.*

*Kin ve kızgınlığını hazmet. Çünkü ben, sonu bundan daha tatlı, daha lezzetli bir lokma görmedim.*

*Sana sertlik gösterene yumuşak ol ki, o vakit o da yumuşasın.*

## Düşmanına iyi davran…

*Ey oğul!*

*Düşmanına iyilikle muamele et; çünkü bu iki zaferin biridir.*

*Kardeşinle münasebeti kesmek istesen dahi, geri dönülecek bir yer bırak. Belki bir gün olur, münasebete lüzum görülür.*

*Hakkında iyi düşünen kimsenin zannını hareketlerinle tasdik et.*

*Aranızdaki samimiyete bakarak kardeşinin hakkını zayi etme. Çünkü hakkını zayi ettiğin kişi hiçbir zaman senin kardeşin olamaz.*

**Ailene iyi davran...**

*Ey oğul!*

*Hiçbir zaman ailen sana halkın en kötüsü olmasın; kardeşin senden ayrılmaya, seninle beraber olmaktan kuvvetli olmasın...*

**Rızık: Sen ona gitmezsen, o sana gelir...**

*Ey oğul!*

*Rızık ikidir. Birini sen ararsın, biri de seni arar. Eğer sen ona gitmezsen o sana gelir.*

*İhtiyaç zamanında yumuşaklık, istiğna vaktinde sertlik ne çirkin haldir!*

*Dünyadan sana olan vazife, ancak gideceğin yeri yoluna koymaktır.*

*Elinden gidene üzülüyorsan, eline geçmeyen şeylere de üzül.*

*Olmayanları olanlarla anla. Çünkü işler birbirine yakındır.*

*Acıyı gördükten sonra öğütten ibret alanlardan olma. Çünkü insan öğütle, hayvan dayakla terbiye kabul eder.*

**Nefsin arzularına uyma...**

*Ey oğul!*

*Keder yüzünden gelecek sıkıntıyı sabır ve metanet kuvvetiyle ve ilm-i yakîn elde ederek defet.*

*Gerçek dost, sen yokken seni tasdik edendir.*

*Nefsin arzularına uymak bir çeşit körlüktür.*

*Asıl garip, bir dosta sahip olmayan kişidir.*

*Hakk'a tecavüz eden kişi sapa yola girer.*

*Kifayet miktarı ile kanaat eden doğru yolu bulmuş olur.*

**Akrabalarına hürmet et...**

*Ey oğul!*

*Ahmak adamın seninle irtibatı kesmesi, akıllıya kavuşmaya denktir.*

*Kudret değişince zaman da değişir.*

*Başkalarından naklen de olsa, gülünç şeyler söylemekten sakın.*

*Akrabalarına hürmet et; çünkü onlar senin kolunun kuvvetidir.*

## Ölmeden önce Allah'ı razı et...

*Ey oğul!*

*Önünde çıkılması ve geçilmesi pek güç bir basamak vardır. Orada yükü hafif olanlar ağır olanlardan daha kolay geçer. Üzerinden zorla geçenler çabuk geçenlerden daha zararlıdır. Bu basamağa ulaşan her insan ya cennete ya da cehenneme gider. Bu menzile ulaşmadan önce kendi nefsine dön ve hesaba çekilmeden önce kendini hesaba çek. Oraya ulaşmada yolunu düzelt. Ölümünden sonra Allah'ı razı etmek için sana hiç fırsat verilmez.*

## Her şeyi Allah'tan iste...

*Ey oğul!*

*Yerin ve göklerin içinde bulunan, her şeyi elinde tutan Zat; sana kendisinden isteme ve dua etme nimeti verdi. Duana icabet edeceğine de söz verdi. Sana bir şey vermesi için kendisine dua etmeni emretti. Ondan rahmet dile ki sana rahmet etsin. O, seninle Kendisinin arasına bir perde koymadı ve seni korumak için başkasına teslim etmedi.*

**Tövbeyi geciktirme...**

*Ey oğul!*

*Bir kötülük işlediğin zaman Allah'a dön ve tövbe et. O, kendine döndüğün için seni ayıplamaz. İşlediğin günahın cezasını vermekte acele etmez. Yaptığın suçu başkalarına bildirmez. Tövbe etmeni de zorlamaz. Günahları niçin işlediğin hakkında seninle münakaşa etmez.*

**Allah'ın rahmetinden ümidini kesme...**

*Ey oğul!*

*Allah'ın rahmetinden ümidini kesme. Ancak O, günahtan dönmeyi sevapla mükâfatlandırır. Kötülüğün karşılığında bir, iyiliğin karşılığında on misli kabul eder.*

*Sana, dönme ve tövbe kapısını açık bıraktı. Ona hitap edersen hitabını duyar, içinden bir şey istersen ne istediğini bilir. O, gizliyi açık olan şey gibi bilir. İstediğini arz etmeden, içini O'na dökmeden dertlerini ve sıkıntılarını bildirmeden O bilir. İşlerinde muvaffak olmak için O'na sığın.*

**Allah, niyetine göre verir...**

*Ey oğul!*

*Allah bütün hazinelerinin anahtarını eline verdi. Dilediğin zaman kapılarını dua anahtarı ile açarsın. Dile-*

*diğin zaman semanın kapılarını açar, ölü toprağa hayat veren yağmurları indirirsin. Fakat istediğin şeyin hemen yerine gelmemesinden endişe edip umutsuzluğa düşme.*

*O'nun vermesi senin niyetine göredir. İstediğin şey verilmeyebilir. Fakat onun yerine onun daha hayırlısı verilir.*

*Belki istediğin şey yerine üzerinden bir bela kaldırılır. Ki bu senin için daha hayırlıdır. Belki istediğin yerine getirilirse sana veya inancına bir tehlike teşkil edebilir. Bunu da Allah kabul etmez ve istediğini yerine getirmez.*

## Ahiret için yaratıldın...

*Ey oğul!*

*Yapacağın işler senin ve dinin için hayırlı olsun. Sana günah yükleyecek işleri yapmaktan sakın.*

*Mal yanında kalmaz, sen de malın yanında kalmazsın.*

*Dünya için değil, âhiret için yaratıldın. Ölüm için yaratıldın, burada yaşamak için değil.*

*Ne zaman terk edeceğini bilmediğin bir menzildesin.*

*Âhiret için kâfi derecede azık hazırlayabileceğin bir yerdesin. Âhiret yolunu tutmuş, gitmek üzeresin.*

*Nereye kaçarsan kaç, seni takip eden ölümden kurtulamazsın. Onun seni bir kötülük üzerinde iken yakalamasından ve tövbe etmemekten kork.*

*Şayet böyle bir şekilde yakalanırsan, kendi kendini helak etmiş olursun. O zaman seni hiçbir kimse kurtaramaz.*

**Ölümü sık hatırla...**

*Ey oğul!*

*Sık sık ölümü hatırla, ölümü hatırlamak kalbi yumuşatır.*

*Her şeyin yok olacağını bil ve kalbine yoklukta karar kılacağını bildir. Ona dünya facialarını ve musibetlerini tek tek göster. Zamanın şiddetini ve kükreyişini, gece ve gündüzlerin aleyhine çevrildiğini düşün, hatırla ve hatırlat.*

*Bugün ele geçirmek için çırpındığın ve âhirette kendisinden hesaba çekileceğin şeyleri şimdiden düşün. Hesap için hazırlıklı ol. Ani düşersen mağlup olursun.*

**Dünyaya aldanma...**

*Ey oğul!*

*İnsanların dünyada uzun süre yaşamaları ve istedikleri gibi gezip tozmaları seni mağrur etmesin.*

*Allah dünyanın halini ve sonunun geleceğini açıkça bildirdi.*

*Dünya, havlayan köpek ve vahşi hayvanlar gibidir.*

*Birbirlerine saldırırlar. Zengin fakiri yer, büyük küçüğü ezer, kahreder.*

*Bazıları konaklamış kervanın hayvanları gibi bağlı, bazıları da bağından boşanmış, başıboş, sonu meçhul bir yolun yolcusu olmuştur ki; bunlardan birinci grup fakirler ve hiçbir şeye gücü yetmeyen zayıflar, ikincisi ise kuvvetli olanlardır.*

*Bil ki, bunlar sarp bir vadide bela ve afete uğramış sürüler gibidir. Kendilerini güdecek bir kimse olmadığı gibi, bu vadiden kurtuluş yolunu gösterecek de yoktur.*

*Dünya, gözlerindeki Hûda nurunu söndürüp onları karanlık yollara sürükledi. Böylece onlar da nereye gideceklerini şaşırdılar.*

*Dünya denizinin içine girerek dalgalarla ölüm kalım savaşı verdiler. Dünyayı bir kurtarıcı sandılar. Oynadılar, oynaştılar, fakat ondan sonrasını düşünmediler.*

*Bu gafletten uyanıldığı zaman, cehaletin haktan gizlediği şeyler şüphesiz meydana çıkacaktır. Bütün insanlar bineklere binmişler, pek kısa bir zaman sonra da bu neticeye ulaşacaklardır. Fakat buna rağmen yolu takip edenler daha çabuk varır.*

**Ecelinden kaçamazsın...**

*Ey oğul!*

*Kimin bineği gece ve gündüz gibi olursa, kendisi dursa da yoluna devam eder. Evinde istirahat içinde bulun-*

*muş olsa da, uzun mesafeleri pek kısa bir zamanda aşar ve hedefe farkında olmadan ulaşır.*

*Dünyada gayene ulaşamazsın. Ecelinden kaçamazsın. Senden öncekilerin yolunu takip etmek mecburiyetindesin. Bunun için doğru ol. Hak için çalış, hak olmayan şeyden uzak dur. Helalinden kazan. Böyle yapmazsan elindeki de gider.*

**Herkes istediğine kavuşamaz...**

*Ey oğul!*

*Her isteyen isteğine kavuşamayabilir. Her kötülük işleyen de mahrum olmayabilir. Bir kötülük seni en üstün mertebelere ulaştıracak olsa bile kendi nefsini ondan alıkoy. İnsan, malı kendisini korumak için toplar. Fakat malı toplarken kendini Allah yolunda harcamaktan sakın. Aksi takdirde kaybettiğin şey topladığından çok daha hayırlı ve iyidir.*

**Şerle kazanılan hayır, hayır değildir...**

*Ey oğul!*

*Allah seni hür yaratmıştır. Başkasına kötülük yapma. Şerle kazanılan hayır, hayır değildir. Kötülükle elde edilen iyilik de iyilik değildir.*

*Allah (cc) ile aranda bir perdenin olmasını istemiyorsan açgözlülükten sakın. Tamahkârlık seni helake götürür. Sen kendine düşen payı idrak edebilir ve ona uyabilirsin. Allah'tan gelen az da olsa, kullardan gelen çok şeyden daha iyidir.*

**Susmayı tercih et...**

Ey oğul!

*Susarak kaçırdığın bir şeyi telafi etmek, konuşarak gücendirdiğin bir kalbi tamir etmekten daha kolaydır.*

*Tulumdaki suyu muhafaza etmek, ağzını sıkı bağlamakla olur.*

**İffet içindeki fakirlik daha iyidir...**

Ey oğul!

*Elde bulunan malı muhafaza etmek, başkasının elinde bulunan malı elde etmeye çalışmaktan iyidir.*

*İffet içinde fakirlik ve çalışmak, haksız yollardan zengin olmaktan hayırlıdır.*

**Çok konuşan çok yanılır...**

Ey oğul!

*Kişi kendi sırrını başkalarından daha iyi muhafaza eder.*

*Çok kimse var ki, kendi zararına çalışır.*

*Çok konuşan çok yanılır. Düşünen kimsenin görüşü kesinleşir.*

*Her konuşan doğru konuşmayabilir. Her isteyen isabet etmemiş olabilir. Her giden de geri dönmeyebilir.*

## İyilere yaklaş...

Ey oğul!

*İyilere yaklaş ki, onlardan olasın. Kötülerden uzaklaş ki, şerlerinden kurtulasın.*

*İyilik kötülüğe yol açarsa, kötülük olur.*

*Çok zaman dert, deva; deva da dert olur.*

*Çok zaman ehliyetsiz kimseler öğüt verir, kendilerinden öğüt beklenen kimseler de aldatır.*

## Tembellik ölülerin işidir...

Ey oğul!

*Ümide dayanıp işsiz güçsüz bekleme. Tembellik ölülerin işidir.*

*Akıl, tecrübeleri ezberlemektir. Tecrübelilerin en hayırlısı sana öğüt verendir.*

**Fırsatları iyi değerlendir...**

*Ey oğul!*

*Fırsatları iyi değerlendir. Lokma boğazında durmadan kendine gel.*

*Fesat; takva ve iyilik azığını kaybetmek, nefsin isteklerine meyletmek suretiyle er geç kendisine dönülecek yeri bozmaktır.*

*Her şeyin bir neticesi vardır.*

*Takdir edilmiş olan her şeyi şüphesiz göreceksin.*

*Tüccar tehlikededir.*

**İşlerinizde intizamlı olun...**

*Ey oğul!*

*Size, bütün evlatlarıma, ehlime ve bu vasiyetimin ulaştığı kimselere; Allah'a karşı gelmekten korkmayı, işlerinizde intizamlı olmayı, birbirinize iyilikle davranmayı, insanların arasını bulmayı vasiyet ediyorum.*

*Ben, Dedenizden (sav) şöyle duydum: "İki kişinin arasını düzeltmek, bütün (nafile) namazlardan, oruçlardan daha faziletlidir."*

**Yetimleri gözetin, komşuları kollayın...**

*Ey oğul!*

*Allah için yetimlerin hakkını gözetin. Onları bir aç, bir tok bırakarak hazırladıklarınızı zayi etmeyin.*

*Allah rızası için komşularınızın hakkına riayet edin. Bunlar size Peygamberinizin vasiyetidir. O, komşular hakkında öyle tavsiyelerde bulundu ki, biz onların mirasımıza da dahil olacaklarını sandık.*

**Cihadı terk etme...**

*Ey oğul!*

*Allah için Kur'an'a uy. Onunla amel etmekte başkası sizden ileri olmasın.*

*Allah rızası için namaza dikkat et. Çünkü namaz dininizin direğidir.*

*Allah için Rabb'inizin evinin hakkını verin. Sağ olduğunuz müddetçe orayı boş bırakmayın. Çünkü o ev terk edilirse, dininizin farzını ihmal ettiğinizden dolayı ne Allah ne de halk sizden hoşnut olur.*

*Allah için cihadı terk etmeyin. Allah yolunda mallarınızla, canlarınızla, dillerinizle cihad edin.*

## Fitneye karşı iki yaşındaki deve gibi ol...

*Ey oğul!*

*Size düşen görev, karşılıklı iyi ilişkilerde bulunmak, karşılıklı olarak hediyeler vermektir.*

*Sırt çevirip gitmek ve birbirinizle dargın durmaktan sakının.*

*İyiliği emredip kötülükten sakındırmayı terk etmeyin. Aksini yaptığınız takdirde, başınıza kötüleriniz geçer ve sonra yaptığınız dualar da kabul olmaz.*

*Fitneye karşı iki yaşındaki deve gibi ol. Onun ne binilecek sırtı ne de sağılacak sütü vardır.*

## Allah'tan kork...

*Ey oğul!*

*Allah'tan hakkıyla kork. Emrinden dışarı çıkma. Sevgisini kazanmak adına çalış.*

*Allah'ın zikriyle kalbini diri tut. Allah'ın ipine sımsıkı sarıl. Eğer tutunuyorsan, Rabb'inle aranızdaki bağdan daha kuvvetli hangi bağ bulunabilir?*

**Kalbini öğütle yaşat...**

*Ey oğul!*

*Kalbini öğütle yaşat, hikmetle aydınlat. Dünya malı ve ona olan aşkı terk etmekle nefsini öldür.*

*Kalp, hakla kuvvetli, hikmetle parlak ve nurlu olur.*

**Geçmişten ders çıkar...**

*Ey oğul!*

*Daha önce geçmiş olan milletlerin kıssalarını ve hikâyelerini oku. Tarihte insanların başına gelen felaket ve musibetleri düşün. Aynı şeylerin tekrarlanmaması için iyice dikkat et.*

**Gideceğin yere hazırlan...**

*Ey oğul!*

*Atalarının topraklarında, yaşadıkları yerlerde gez ve onların eserlerini dikkatle incele. Onlar neler yapmışlar, nereden nereye niçin göçmüşler? Bunları incelediğin zaman, onların yakınlarından ve sevdiklerinden ayrılıp gurbet ellere gittiklerini göreceksin. Tıpkı onlar gibi sen de yakında bilmediğin ve görmediğin yerlere göçüp gideceksin. Şu halde, gelecekteki yerini şimdiden hazırla ve temizle. Dünya için âhiretini satma.*

**Söze karışma...**

*Ey oğul!*

*Bilmediğin bir şey hakkında söze karışma. Üzerine düşmeyen hususu konuşma.*

*Sonunda bir felaketin gelmesinden korktuğun yolu terk et. Çünkü bir işte felaket sezildiğinde onu terk etmek, korkuyla ilerlemekten daha iyidir.*

*Her işi ehline bırak.*

**İyiyi işle, kötülükten sakın...**

*Ey oğul!*

*İyi şeylerle emret, iyi şeylere ehil ol. Kötü şeylere meydan verme. Onları elinle ve dilinle geri bırak. Onları işlemekten var gücünle uzak ol.*

*Nerede olursa olsun, zor işlere Hakk'ı bulmak için gir.*

*Bütün işlerde nefsini zorla, onu emin bir yere, kuvvetli bir güvene getiresin.*

**Allah (cc) yolunda çalış...**

*Ey oğul!*

*Allah (cc) yolunda iyi çalış. Onun yolunda müşahede ve mücadele etmekten çekinme.*

*Bütün işlerinde Allah'a sığın. O en iyi koruyucu ve en yakın kurtarıcıdır.*

*Her işinde Allah'a teslim ol. İstediğini yücelten, istediğini alçaltan O'dur.*

**Güçlükleri aşmaya çalış...**

*Ey oğul!*

*Herhangi bir kimsenin ağır sözleri seni yolundan alıkoymasın.*

*Kendini güçlükler karşısında sabretmeye alıştır. Haksızlık karşısında Hakk'a sabretmek en iyi ahlaktır.*

*Bir işi yapmadan önce çokça düşün.*

**Güvenilir kişilerle istişare et...**

*Ey oğul!*

*İyi karar verebilmek için güvenilir kimselerle istişare et.*

*En hayırlı söz faydalı olandır. Faydasız bilgide hayır yoktur. Lüzumlu olmayan bilgiden de bir fayda temin edilemez.*

*İslâmiyet'te ne varsa hepsini anla ve öğren.*

**Şu esaslara riayet et...**

*Ey oğul!*

*Sana söyleyeceğim sekiz husus var ki, bunları aklından çıkarma:*

*1. En büyük zenginlik akıldır.*

*2. En büyük vahşet kibirdir.*

*3. En büyük fakirlik ahmaklıktır.*

*4. En büyük meziyet güzel ahlâktır.*

*5. Ahmaklarla asla dostluk kurma. Çünkü o sana faydalı olayım derken zarar verir.*

*6. Yalancılarla dostluk kurma. Çünkü onlar sana uzak olanı yakın, yakın olanı da uzak gösterirler.*

*7. Cimri insanlarla yakınlık kurma. Çünkü cimri adam ihtiyacın olan şeyi bile senden esirger, vermekten çekinir.*

*8. Allah ve emirlerinde uzak olanlarla dost olma. Çünkü seni hayırsız şeylere götürürler.*

*Allah (cc) hepimize,*

*Cemâlini görecek şekilde amel etmeyi nasip etsin.*

## SEN KONUŞMUYOR, EŞİNİ SUÇLUYORSUN!

Bizler her türlü ilişkimizde, özellikle özel ilişkilerde maalesef iletişim kurmak yerine birbirimize karşı haklı olma savaşı içine giriyoruz.

"Ben haklıyım, senin yüzünden böyle oldu" gibi kelimeler, yaralayıcı kelimelerdir. Sen eşine kızdığında, "Seni sevmiyorum" ya da "Senden bıktım" yerine, "Bu davranışını sevmiyorum, bu davranışından bıktım" dediğinde, burada kişiliğe hakareti bırakıp sergilediği davranışı beğenmediğini söylemiş olursun.

Aradaki farkı görmeni isterim. Birinde, "Senden bıktım" diyorsun ki bu kişiye hakarettir ve barış yerine yaraya âdeta tuz basar; diğerinde ise davranışı kişiden ayırıp, "Sen aslında çok iyisin, senin kişiliğinle, varlığınla ilgili bir sorunum yok; fakat bu davranışın beni çok üzüyor" diyorsun.

İşte burada bir iletişim var... Bir hassasiyet var...

Birinci hatamız bu. Peki ya diğeri...

Kişiliği suçlamakla kalmıyor, "Eğer değişmezsen, ben

artık yokum" gibi bir cümle kuruyoruz (ya da buna benzer bir cümle)... "Sen de aynı baban gibisin" yahut da "Annen gibisin" diyerek, bu sefer konuyu, yarayı, kavgayı iyice büyütüyoruz.

Tabii burada şeytan vesvese veriyor; senin de ağzından bu cümleler çıkıyor ve sonra da pişman oluyorsun.

Oysa karşımızdakine, "Bu huyunu değiştir, ben böyle birini istemiyorum" demek yerine, "Hayatım seni seviyorum, varlığın beni mutlu ediyor; ama bu davranışın beni üzüyor, ilişkimize zarar veriyor. Bu davranışını BİRLİKTE NASIL DEĞİŞTİREBİLİRİZ? Sana nasıl yardımcı olabilirim" diye hitap etmek ne güzel bir yaklaşım olurdu değil mi?

Ondan bu konuda yardım istiyorsun. Bunda suçlama, hakaret, haklı çıkma yok; sadece masumca bir yaklaşım. Böyle bir yaklaşımda, karşında kim olursa olsun bir müddet sonra değişmeye başlayacaktır. Unutma, herkesin içinde bir ruh var ve o ruh Allah'a ait. O'ndan bir parça... Kötü olamaz o ruh...

Elbette bu tutum ile karşındakinin ruhuna dokunmuş olacaksın; acele etme, bu konuda sabırlı olmanı, biraz daha sabretmeni dilerim. Sonunda gülen inşAllah siz olacaksınız. Ailen olacak...

O halde bundan sonra haklı çıkmak, suçlamak yerine birlikte çözüme ulaşmak için iletişim kurup, kazananın birey değil aile olduğunu anımsayarak nefes alalım olur mu?

*Karı-koca birlikte tatile çıkarlar. Gittikleri yerde kamp kurarlar. Tatillerinin ikinci gününün akşamı güzel bir yemek yiyip uykuya dalarlar. Birkaç saat sonra kadın uyanır ve kocasını da uyandırır. Adam uyku sersemidir, güzel bir rüyadan uyandırıldığı için de biraz kızgındır...*

*"Ne oldu? Ne istiyorsun?" diye sorar.*

*"Yukarıya bak ve bana ne gördüğünü söyle."*

*Adam gökyüzüne bakar ve cevap verir: "Bunun için mi uyandırdın beni? Baktım işte. Bir sürü yıldız görüyorum, ışıl ışıl parlayan milyonlarca yıldız."*

*Karısı tekrar sorar: "Peki, bu sana neyi gösteriyor?"*

*Artık iyice uykusu kaçan adam biraz düşünür ve cevap verir: "Teolojik olarak Allah'ın kudretini ve kendi âcizliğimizi görüyorum. Felsefî olarak, evrenin sonsuzluğunu ve onun karşısındaki önemsizliğimizi görüyorum. Astronomik olarak galaksilerin, yıldızların, gezegenlerin varlığını görüyorum. Yıldızların konumuna bakarak saatin üç olduğunu, meteorolojik olarak da bugün havanın çok güzel olacağını görüyorum. Niye sordun bunu bana? Sana neyi gösteriyor?"*

*"Çadırımızı çalmışlar?!"*

Bazen farklı bakabiliyoruz ama bunun için birbirimizi, kalplerimizi kırmak gerekmiyor, öyle değil mi? Bazen aile içinde şakalaşmalar güzeldir, tebessüm sünnettir.

Peygamberimiz (sav) aile içinde mükemmel bir eş, şefkatli ve sevimli bir babaydı. Bazen eşleriyle de şaka yapar, onlarla olan samimiyetini geliştirirdi.

Hazret-i Âişe (ra) anlatıyor:

*Ben zayıf bir hanımdım. Bir seferde Peygamberimizle birlikte bir yolculuğa çıktım. Peygamberimiz bir yerde Sahabîlere:*

*"Siz ilerleyin" dedi. Onlar gidince ikimiz arkada yalnız başımıza kaldık.*

*Bana: "Gel seninle yarışalım" dedi ve koşmaya başladık. Ben kendisini geçtim.*

*Aradan birkaç yıl geçmişti. Yine onunla birlikte bir yolculukta iken bir yerde Sahabîlere: "Siz ilerleyin" dedi ve ikimiz yalnız kaldık.*

*"Gel yarışalım" dedi. O zamanlar ben kilo almıştım. Önceki yarışmayı da unutmuştum. Koşmaya başladık. Fakat bu sefer de o beni geçti. Gülümseyerek: "Bu defaki benim seni geçişim, o gün beni geçişine bedel olsun" buyurdu.*

Ne güzel bir muhabbet, Allah (cc) bizlere de nasip etsin inşAllah…

Hayatın içinde her zaman kavgalar, tartışmalar olabilir. Şeytan boş durmuyor; onun en sevdiği kelime, "boşanmak" kelimesidir. Bunun için gece gündüz çalışır… Onun yüzünü güldürmemek için çalışalım biz de…

Küs kaldığımız sürece zaten zararlı çıkan biz olmuyor muyuz?

*Karı koca müthiş kavga etmişler ve küsmüşler. Sonra bakmışlar olacak gibi değil, birbirlerine notlar yazarak anlaşmaya karar vermişler.*

*Bir gün adamın bir iş görüşmesi varmış ve sabah 08.30'da işe gitmesi gerekiyormuş; komodinin üzerine bir not yazıp koymuş:*

*"Sabah beni saat 08.00'de kaldır."*

*Ertesi gün olmuş, adam bir kalkmış saat 10.00! Müthiş bir sinirle fırlamış yataktan ve başucunda bir not bulmuş:*

*"Saat 08.00 oldu kalk!"*

***

*Bir akıl hastanesini ziyareti sırasında, adamın biri sorar: "Bir insanın akıl hastanesine yatıp yatmayacağını nasıl belirliyorsunuz?"*

*Doktor: "Bir küveti su ile dolduruyoruz. Sonra hastaya üç şey veriyoruz: bir kaşık, bir fincan ve bir kova. Sonra da kişiye küveti nasıl boşaltmayı tercih ettiğini soruyoruz... Mesela, siz ne yapardınız?"*

*Adam: "Ooo! Anladım. Normal bir insan kovayı tercih eder. Çünkü kova, kaşık ve fincandan büyük."*

*"Hayır" der doktor. "Normal bir insan küvetin tıpasını çeker?!"*

Her zaman sorunun çözümü çok basittir; bazen biz büyütüyoruz sonra da zorlanıyoruz, öyle değil mi?

Aslında her insanın farklı sevgi anlayışı vardır. Bu sevgi değerlerini bildiğimiz zaman eşimizle, sevdiklerimizle yahut da çevremizdeki insanlarla çok daha sevgi dolu bir ilişki içinde olabiliriz.

Örneğin kimi insan, "seni seviyorum" sözünü duyunca sevildiğini hisseder. Kimi insan için, bu kelimeyi duymak bir şey ifade etmez. Sevgiyi davranış olarak görmek ister.

Mesela, "seni seviyorum" yerine, "şu için ucundan tutsa da bir hayrı olsa" diye düşünebilir kişi. Bazen erkekler kadınlara ev işleri yaparken, örneğin mutfakta ya da masa hazırlarken yardım ettiklerinde, kadının sevgi anlayışı hizmet ise, bundan sonra derece mutlu olacaktır.

Aynı şekilde erkek de kadından hizmet bekler. Eve geldiğinde bir güler yüz, bir tebessüm... Sıcak bir karşılama... Yemeğinin önüne konması... Bazen bir mandalinayı soyarak eşinin ağzına koyduğunda bile bundan büyük mutluluk duyabilir. Tabii bu sevgiyi, hizmet davranışı ile hissedenler için geçerlidir.

Kimisi ise onaylanmak ister.

Kadıncağız evde bütün gün çalışmıştır... Eve gelen eşinden, "Allah razı olsun, hakkını helal et" ya da "Ne güzel şeyler yapmışsın, senin hakkını nasıl ödeyeceğim. Bende emeğin çok... Sen gerçekten bu işi çok güzel yapıyorsun" gibi sözler duymak kadını mutlu ediyorsa, bilin ki onun sevgi anlayışı onaylanmaktır.

Bazıları da keyifli zaman geçirmek ister.

Birlikte bir tiyatro izlemek, sinemaya gitmek, el ele sahilde yürümek, birlikte yemek yemek... Birlikte kitap okumak... Birlikte Kur'an okumak mukabele yapmak... Birbirlerinin gözlerinin içine bakmak...

Bunun gibi... Nitelikli birlikteliğe ihtiyaç duyarlar. Bazıları da bu tür sevgi davranışı ile mutlu olur.

Bazıları dokunmaktan sevildiğini hisseder. Sarılmak ister. El ele tutuşmak ister. Saçının okşanmasıyla bile kendisini dünyanın en mutlu insanı hissedebilir. Böyle bir insana sevdiğini söylemek yerine sevgiyle, rahmetle dokunduğunda çok daha mutlu olacaktır. Eşinin mutluluğu senin de mutluluğun olacaktır.

Demek ki bizler karşımızdaki insanın nasıl bir sevgi anlayışına sahip olduğunu öncelikle bilmemiz gerekiyor ki ona bu yönünden yaklaşarak sevildiğini hissettirebilelim. Gerçekten sevildiğini hisseden biri, sizi de dünyanın en mutlu insanı yapacaktır.

Bu dünyada sevgi ile güzelce yaşamak varken, şeytana uyarak birbirimizi yıpratmanın anlamı var mı! Allah bizlere hayırlı eşler, hayırlı ilişkiler nasip etsin...

Efendimiz (sav) buyurmuş ki: "Bir erkek karısına baktığı, karısı da kendisine baktığı vakit Allah her ikisine de rahmet nazarı ile bakar ve erkek karısının elini tuttuğu zaman, her ikisinin de günahları parmakları arasından dökülüp gider."

Bazen kadınlarımızı görüyorum; maalesef baskın karakter olup âdeta ipleri ele almaya çalışıyorlar. Erkek mazlum, kavga çıkmasın diye sesini çıkarmıyor; fakat içine atarak kırgınlığını besliyor ve sonra ipler kopma noktasına geliyor...

Efendimiz (sav) yine buyuruyor ki: "Kocası kendisinden memnun olduğu halde ölen kadın cennete girecektir." (Tirmizî, 1081: İbni Mace, 1844)

*Ebu Hureyre (ra) anlatıyor: "Sahabelerden biri ALLAH Resulünün yanına gelerek, 'Kadınların en hayırlısı hangisidir' diye sorduğunda, ALLAH Resulü şöyle buyurdu: 'Yüzüne baktığı zaman kocasını sevindiren, emrettiği zaman itaat eden, namusu ve malı hususunda kocasına isyan etmeyen kadındır.'"*

(Ahmed b. Hanbel 2/434; İbn Mace, nikâh, 5)

***

*Yine bir gün, sahabe kadınlardan biri ALLAH Resulünün yanına gelerek, "Ey ALLAH'ın Resulü, Cihad ibadetini ALLAH sadece erkeklere farz kıldı. Cihad'a çıkıp öldürüldüklerinde Rabb'leri katında diri olarak rızıklandırılıyorlar (Şehid oluyorlar). Peki ya biz kadınlar bu ecre nasıl nail olacağız?" diye sordu.*

*Efendimiz (sav) kadına şöyle yanıt verdi: "Karşılaştığın bütün kadınlara şu bilgiyi ulaştır ki, kadının kocasına itaati ve onun haklarını kabul edip yerine getirmesi buna (erkeklerin cihad sevabına) denktir. Ne yazık ki, sizden çok azı bunu yapar."*

***

*Enes B. Mâlik'in (ra) nakliyle: "Resulullah (sav), sahabesine şöyle sordu: 'Cennetlik kadınlarınızı size bildireyim mi?'*

*Biz, 'Evet, ey ALLAH'ın Elçisi' dedik.*

*Şöyle buyurdu: 'Her sevecen doğurgan ve üretken kadın ki kendine öfkelenildiğinde, bir kötülük yapıldığında ya da kocası kendisine kızdığında eşine şöyle der: 'İşte bu elim elinde, sen razı olmadıkça kesinlikle uyku uyumayacağım.'"*

***

*Bir gün Hz. Fatıma (ra), ağlayarak babasının huzuruna geldi. Resulullah efendimiz buyurdu ki:*

*"Yâ Fatıma, niçin ağlıyorsun?"*

*"Kasıtsız söylediğim bir sözden Ali (ra) bana kızdı. Özür diledim. Fakat onu üzdüğüm için ağlıyorum."*

*"Kızım, bilmez misin, Allah teâlâ'nın rızası kocanın rızasına bağlıdır. Ne mutlu o kadına ki daima kocasının rızasını arar, kocası ondan razı olur. Kadınlar için en üstün ibadet, kocasına itaattir. Erkek, hanımından razı olunca, o kadın istediği kapıdan cennete girmeye hak*

*kazanır. Kocasını üzen kadın, onu razı edinceye kadar, Allah teâlâ'nın lanetinde olur."*

(R. Nasıhin)

Elbette kadınlarımızın da hakları vardır.

*Ebu Hüreyre (radıyallahu anh) anlatıyor: "Resulullah (aleyhissalatu vesselam) buyurdular ki: "Kadınlara hayırhah (iyimser) olun, zira kadın bir eyeği kemiğinden yaratılmıştır. Eyeği kemiğinin en eğri yeri yukarı kısmıdır. Onu doğrultmaya kalkarsan kırarsın. Kendi haline bırakırsan eğri halde kalır. Öyleyse kadınlara hayırhah olun."*

(Buharî, Nikâh 79, Enbiya 1, Edeb 31, 85, Rikak 23; Müslim, Rada 65, [1468]; Tirmizi, Talak 12, [1188].)

***

*Efendimiz (sav): "Sizler yediğiniz şeylerden onlara da yediriniz, giydiğiniz şeylerden onlara da giydiriniz! Kadınlarınızı dövmeyiniz, onlara Allah senin yüzünü çirkinleştirsin, diye beddua etmeyiniz ve evin dışında onlara küsüp terk etmeyiniz" buyurdu.*

(Ebu Davud 2144, İbni Mace 1850, Hâkim 2/188, Begavi 2330, Ahmed 5/3, 5, Albani Zifaf 280)

***

*Yine efendimiz (sav): "Allah'ın kadın kullarını dövmeyiniz" buyurdu.*

(Ebu Davud 2146, Darimi 2/146, İbni Mace 1985, İbni Hibban 4189, Albani Gayetu'l-Meram 251)

***

*El-Esved (ra) şöyle dedi: "Ben Âişe'ye (ra), 'Efendimiz (sav) evinde ne yapardı' dedim.*

*Âişe (ra), 'Kendi ailesinin işinde, yani kendi evinin hizmetinde bulunurdu. Namaz vakti gelince de namaza çıkardı' dedi."*

(Buharî 704)

Rabb'im bizlere böyle samimi muhabbetler nasip etsin inşAllah.

Şu ana kadar sana anlattığım kısmı, "Elinden geleni yap, gelmeyen için de Rabb'ine bırak" olarak anlattım. Biz sevgimizi, saygımızı gösterelim; yine de bir şey olmuyorsa eğer ya olmaması gerektiği için ya da daha iyisi olacağı içindir. Şems'in dediği gibi: "Olduğu kadar, olmadığı kader..."

*Allah kaderine kötü bir şey yazmaz.*
*Sadece senin seçtiğin hayırsız ise hayatından çıkarır*
*ve daha güzelini verir.*

*Niçin kafana takıyorsun ki;*
*Allah (cc) nasip ettiyse zaten senindir…*

# KIL OLMA, KUL OL

Maalesef en ufak bir sorun karşısında sinirleniyoruz, tabiri caizse "kıl oluyoruz" öyle değil mi?

Oysa her şerrin arkasında bir hayır, hayrın arkasında da bir şer olduğunu Kur'an-ı Kerim de okuduk, defalarca duyduk ama sindiremedik!

Bilgiyi hayata geçiremezsek eğer, kıl olup durmaya devam ederiz. Hani kitabın başında, Peygamber Efendimizin (sav) öğrettiği bir dua vardı, anımsadın mı?

Ümmü Seleme (ra) annemiz, eşini kaybettiğinde bu duayı okumuştu ve sonu hayır olmuştu hani... Bakın duanın benim karşıma çıkarttığı hayrı anlatayım. Öncelikle dua neydi, onu anımsayalım mı?

**"Biz Allah'tan geldik. Allah'a döneceğiz. Allah'ım başıma gelen bu musibetin ecrini (mükâfatımı) bana ver ve bundan daha hayırlısını lütfet."**

Yeni taşındığım ev müstakil bir evdi, kitap yazmak için biraz sakin yerleri seçiyorum. Ağaçların, kuşların, suyun zikir hali ile buluştuğumda ruhumda ilham hemen harekete geçer. Bu yüzden betonarme yerlerde, alışveriş merkezi gibi yerlerde, yani zikrin az olduğu yerlerde kalmayı pek benimsemiyorum.

Bu eve taşındığımda, klozet sifonunun su kaçırdığını gördüm; bunun gibi birkaç eksiği de vardı. Normalde sifon kısmına takılır insan; çünkü boş yere israf su kaçırıyor, öyle değil mi?

Her zamanki gibi musibet duamı ettim ve hediyeme odaklandım. Birkaç hafta sonra kar yağdı ve don yaptı. Burası yazın kullanılan bir site, birkaç aile oturuyor ve onlar da sabah gidip akşam geliyorlar. Dolayısı ile su aktif olarak kullanılmadığı için, yani devir daim yapmadığı için, boruda kalarak donuyor ve evlere su gelmiyor.

Bir akşam ben de eve dönüyorum; güvenlikteki arkadaş hemen yanıma gelerek, "Hocam" dedi, "Sular dondu, su yok. Eğer musluğu hafif açık bırakmış olsalardı, damla damla su akacaktı ve boruda su birikmeyeceği için donma olmayacaktı."

"Hayır olsun" dedim ve eve girdim.

Suları kontrol ettiğimde aktığını, bir sorun olmadığını gördüm. Gözüm sifondan kaçan suya takıldı ve o an görevli arkadaşın söyledikleri tekrar kulağımda çınladı: "Eğer damla damla su aksaydı sular donmayacaktı..."

Evet, suyun sifondan kaçıyor olmasına kıl olmak yerine kul olduğumda, Allah'ın her şeyi nasıl da hayra dönüştürdüğüne şahit oldum. Komşularım için elbette üzülmüştüm; onlar için elimden gelen tek şey dua etmekti...

Ve yine başımdan geçen bir olayı paylaşmak istiyorum...

Almanya'ya konferans vermek için gitmiştim. Saat erken olduğu için önce bana ayrılan otel odasına yerleşmek istedim. Saat 10.00 civarıydı ve görevli arkadaş 15.00'ten önce odaya giremeyeceğimi söyledi. Orada öyleymiş... ya da o otelde... Beş saat vardı daha ve biraz dinlensem iyi olacaktı; fakat, kıl olmak yerine tevekkül duamı ederek kul oldum...

Konferans alanına geçmiştim... Orada çok değerli bir hoca ile karşılaştım. Kendisi bir dönem milletvekilliği de yapmış, kırk yıllık vaizmiş.

Biraz sohbet edince kitaplarımı okuduğunu öğrendim. Öğrencileri kitabımızı (Allah De Ötesini Bırak) kendisine getirerek, "Hocam, bu kitabı biz okuyoruz ama siz de bir bakın; önerirseniz başkalarına da tavsiye edelim" demişler... Kendisi kitabımızı okumuş ve çok beğendiği için diğerlerini de okumuş... Allah razı olsun hocadan.

Hoca Efendi, o gün Berat Kandili için misafir olarak davet edildi. Akşam hem vakti eda etmek hem de kendisini dinlemek için camideyken konuşmasını şöyle sonlandırıyordu: "İlk emir İkra (oku) idi. Bizler çok okuyalım, ruhumuzu geliştirelim. Kur'an okuyalım, hadis okuyalım, güzel kaynaklardan eserler okuyalım." Ve konuşmasını şöyle noktalıyordu: "Özellikle Uğur Koşar'ın kitaplarını mutlaka okuyalım!"

Bunu duyunca şaşırmıştım. Bir vaiz, camideki cemaate bizim kitaplarımızı öneriyordu. Aklıma birden otel geldi... Şayet otele girdiğimde beni odaya alsalardı ve ben dinlenseydim, Hoca ile tanışma fırsatımız olmayacaktı. O gün yüzlerce insan kitabımızı cami çıkışında aldı ve bir günde bitirip yaşlı amcalar bile ertesi gün teşekkür için geldiler yanıma.

Hepsinin ağzında Allah razı olsun, duası vardı. İşte istediğim buydu, hiç tanımadığım bir mümin kardeşimin duasını almak...

Evet, otele giremediğim için "kıl" olmak yerine "kul" olduğum için Allah bana mükâfatımı veriyordu...

Rabb'im hepimize sıkıntıya odaklanıp kıl olmak yerine kul olmayı ve bu bekleyişin ardından bize verilecek hediyeye odaklanmamızı nasip etsin inşAllah. Böylece şeytan, yüzümüze öfke, kızgınlık üfleyerek bize vesvese veremesin. Yine başını taşlara vursun...

Evet, yanımızda daima bir şeytan var ve ben onun başını taşlara vurmasını çok seviyorum. Belki hacılar gibi taşlayamıyoruz ama biz şeytanın başını taşlara vurduruyoruz ve bu da çok güzel... Hamd olsun, öyle değil mi?

***Kıl olmak yerine kul ol ki***

***şeytan başını taşlara vursun.***

## SIKINTI KARŞISINDA PEYGAMBERİMİZ (SAV) NE YAPARDI?

Hıristiyanlar bir sorun, zorluk karşısında derler ki:

"Acaba Hz. İsa (as) bu durum karşısında ne yapardı?"

Yazıklar olsun ki biz bir sorun karşısında, "Peygamberimiz Hz. Muhammed (sav) bir sorun karşısında ne yapardı" diyemiyoruz! Dememekle birlikte hemen isyana geçiyoruz... Çok üzücü... Gerçekten çok üzücü ki Peygamberimiz (sav) bu kadar bize, ümmetine düşkünken...

Öyle kocaman yürekli bir Peygamberimiz (sav) var ki bizim... Miraç Günü nedir bilir misin sen? Allah ile buluşacağı o gün... Göğe yükselmişti hani Allah Resulü... O kadar çok sıkıntı içindeydi ki, Rabb'i kendisine mükâfat vermek istedi ve cemalini görmeyi lütfetti...

İşte böyle bir an... Allah ile kulun buluştuğu bir an, kimseye bu dünyada nasip olmayacak bir buluşma. Ve Peygamber (sav) nihayet âlemlerin Rabb'i olan Allah (cc) ile karşı karşıya geliyordu...

Allah, peygamberini hani selamlıyordu... Ey Peygamber! Allah'ın selamı üzerine olsun diyordu… Ve o an bir kul nasıl cevap verebilir düşünebiliyor musun? Kendini orada hissetmeni isterim bir an… Ne diyebilirsin? Ne demek isterdin?

İşte ümmetine düşkün olan, sana bu kadar düşkün olan Peygamber (sav) o an diyor ki: "Allah'ım senin selamın tüm iyilerin, müminlerin, Salihlerin üzerine olsun…"

Ve Hıristiyanlar bir sorun karşısında Hz. İsa'yı (as) örnek alırken, biz aklımıza Peygamberimiz Hz. Muhammed'i (sav) getirmiyoruz bile!

Bu ne acıdır!

Vallahi içim yanıyor, artık uyanalım istedim.

Manevi terapiye ihtiyacımız var, şeytanımız bolken manevi terapi içinde olmazsak, Allah'a ve peygamberimize sarılmazsak yenik düşeriz.

Bunları kendim için yazmıyorum; ben zaten hamd olsun huzurluyum, hayatımda uyguluyorum, diliyorum ki siz de uygulayın, huzura erin.

Yine bir gün Hz. Âdem (as) Rabb'ine yalvarıyordu: "Yâ Rabbi! Muhammed aleyhisselâm hakkı için beni affet!"

Allah teâlâ da ona sordu: "Yâ Âdem, Ben Muhammed'i daha yaratmadım; O'nu nereden biliyorsun?"

"Yâ Rabbi! Beni yaratınca, başımı kaldırdım. Arşın eteklerinde, 'La ilahe illallah Muhammed'ün resulullah' yazılmış olduğunu gördüm. Sen isminin yanına, en çok sevdiğinin ismini yazarsın. Bunu düşünerek O'nu çok sevdiğini anladım.

"Ey Âdem, doğru söyledin. Mahluklarımın içinde, en çok sevdiğim O'dur. Onun için, seni affeyledim. Muhammed olmasaydı, seni yaratmazdım. (Beyheki)

İşte böyle bir kul, böylesine hakkı geçen bir peygamber bizim Peygamberimiz (sav)...

Peki, Peygamberimiz (sav) sıkıntı anında ne yapardı?

Biri sana hakaret mi etti, haksızlığa mı uğradın? Hemen bu durumda, "Benim Peygamberim (sav) ne yapardı" diye sor kendine ve aklına şu kıssayı getir:

*Allah De Ötesini Bırak* kitabımızın ilk serisinde bahsetmiştim... Hani bir mescide oturuyordu Allah Tesulü (sav), içeri Ebu Cehil giriyordu. Cehil "cehalet" demek, ebu ise "atası". Yani cehaletin atası "Ebu Cehil"...

Ve Peygamberimizi (sav) görünce ona diyordu ki: (haşa) Ey Muhammed (sav) sen ne kadar çirkinsin; ben senden daha çirkinini görmedim..."

Peygamberimiz (sav) tebessüm ediyordu hani ve diyordu ki: "Ey Ebu Cehil, haklısın..."

Aradan birkaç dakika sonra içeri Hz. Ebubekir (ra) giriyordu... Ve Peygamberimizi (sav) görünce diyordu ki: "Ey Muhammed (sav)! Sen ne kadar güzelsin, sana bakmaya doyamıyorum. Senden daha güzel kokanını hissetmedim. Senden daha nurlusunu görmedim..."

Peygamberimiz (sav) ise, Hz. Ebubekir'e (ra) de tebessüm ediyor ve aynı şekilde ona da "Haklısın" diyordu.

Sahabe şaşkındı... "Nasıl olur ey Allah'ın Resulü" diyorlardı. "Ebu Cehil seni kötüledi ve ona tebessüm ederek haklısın, dedin. Ardından Ebubekir (ra) de senden güzelini, temizini görmediğini söylediğinde, ona da aynı şekilde cevap verdin. Bunun sebebi nedir?"

Efendimiz (sav) buyuruyordu: **"Ben aynayım, kişi ancak kendinde olanı yansıtır..."**

Evet, Peygamberler, Veliler aynadır. Onlarda ego yoktur. Kırılmazlar. Kırılacak bir nefs yoktur. Sen hakaret ettiğinde içindeki kötülüğü yansıtıyorsun, sen sevgi duyduğunda içindeki sevgiyi yansıtıyorsun... Güzellik de çirkinlik de senden yansıyor...

Bu bir peygamberi etkilemez. O üzerine bir şey alınmaz.

Demek ki biri bize hakaret ettiğinde, "Hemen, Peygamberimiz (sav) ne yapardı" diye sorarak tefekkür etmemiz gerekiyor. Ne yaparmış. Tebessüm eder, "Haklısın" dermiş. Bunu derken hissederek dermiş. Neyi hissederek... Karşı taraf ne diyorsa aslında kendini yansıttığını hissederek...

Peki, biri bizi öfkelendirdiğinde Efendimiz (sav) ne yapardı?

*Allah De Ötesini Bırak* kitabımızın ilk serisinde bir kıssa paylaşmıştım, hani çadırda Hz. Ebubekir (ra) ve Efendimiz (sav) arasında geçen... Hatırlatmak adına tekrar örnek vermek isterim. (Şeytan bu arada, "Ya bu hoca da aynı şeyleri yazmış" diye vesvese vermek isteyecek, bir daha anımsamak iyidir, bırak o melun konuşsun!)

Hani Efendimiz (sav) ile Hz. Ebubekir (ra) çadırda otururken, içeri giren bir zat Hz. Ebubekir'e (ra) hakaret ediyordu. Hz. Ebubekir (ra) önce susuyor, ikincisinde tatlı bir cevap veriyor üçüncüde ise adama kızıyordu.

Peygamberimiz (sav) ise Hz. Ebubekir (ra) bağırınca hızlıca çadırdan çıkıp gidiyordu. Hz. Ebubekir (ra) şaşkındı ve Efendimizin (sav) yanına koşup kendisine sorduğunda, "Ey Ebubekir! Sen sustuğunda bir melek senin adına cevap veriyordu. Sen ikincide haklı olduğunu tatlı bir dil ile ifade ettiğinde, Allah (cc) 'Ben şahidim' dedi, melekler de şahitlik etti. Tabii sen bunları bilmiyordun; fakat bunlar sana yetmedi ve sen bağırdın. İşte o zaman şeytan oraya gelmişti. Onunla birlikte aynı mekânda bulunmamak için ben çıktım" diyordu Efendimiz (sav)...

Demek ki öfke anında önce susup meleklerin konuştuğunu hissedecekmişiz.

Daha sonra haklı olduğumuz konuyu tatlı bir dille ifade edince Allah'ın ve meleklerin bize şahit olduğunu hissedecekmişiz.

Bu hissiyat olduktan sonra, öfke zaten ortaya çıkmayacaktır Allah'ın izniyle...

Peki, biri bize kötülük yapsa ne yapacağız. Peygamberimiz ne yapardı?

Bir gün sahabe soruyordu: "Ey Resulullah! Neden herkesten çok Ali'yi (ra) seversin?"

Efendimiz (sav), "Neden çok sevdiğimi anlatayım mı" diye sorar.

"Anlat" derler. Efendimiz (sav) tekrar sorar: "Sizlere sormak isterim; birisi size kötülük yapsa ne yaparsınız?"

"İyilik yaparız efendim" derler...

"Yine kötülük yaparsa?"

"Yine iyilik yaparız.

Soruyu tekrar eder: "Yine kötülüğüne devam ederse?"

Cevap verirler: "Düşünürüz Yâ Resulullah derler."

Peygamber (sav): "Çağırın Ali'yi diye buyurur. Hz. Ali (ra) gelir, Peygamberimiz (sav) Hz. Ali'ye (ra) sorar: "Ya Ali! Birisi sana kötülük yaparsa sen ne yaparsın?"

Cevap verir: "İyilik yaparım" der.

7 kez tekrar edilir soru...

Hz. Ali (ra), 7 kez "İyilik yaparım" der.

Son defa sorunca da o iyilikler şahı şu mükemmel cevabı verir:

***"Yâ Resulullah! Kötülük yapan kötülüğünden usanmıyorsa, ben iyilik yapmaktan niye usanayım ki!"***

*Allah'a yakın ol da bırak herkes sana uzak kalsın...*

*Niçin mi huzurluyum? Çünkü ben işimi tevekkül ile Allah'a bırakırım.*

## DUANIN ÖTESİ VARDIR; O DA SAMİMİYET İLE ALLAH'A BIRAKMAKTIR

Evet, "Allah samimi kullarını sever" diye başlamıştık kitabımıza. Duada da Allah samimiyet bekliyor kullarından. Diyordu ya hani Rabb'imiz: "Ben kulumun zannı üzerineyim; dua ederken de yanındayım."

Dua ederken, Allah'ın duanı bir emanet olarak görüp emanetine en iyi bakan, Allah'a teslim ettiğini anlatmıştım kitabımızın başlarında. Şimdi ise sana biraz daha derin bir iletişiminden söz etmek isterim... O da "âcizlik"... Kul kendini daima Rabb'in huzurunda ve âciz hissettiğinde duanın rahmeti yükselir.

Dikkat etmeni isterim; sana peygamberlerden dua örnekleri vermek istiyorum.

Ne diyordu Yunus (as): "Lâ ilâhe illâ ente sübhaneke inni küntü minez zalimin."

Duayı meal edelim mi birlikte:

"Allah'ım senden başka ilah yoktur; sen tüm noksanlıklardan münezzehsin, ben ise nefsime zulmedenim..."

Şimdi de birlikte tefekkür edelim mi? Bakalım, Yunus Peygamber (as) Allah'a nasıl yaklaşmış...

Burada dua var mı? Hayır, bizim ettiğimiz gibi bir dua yok!

Öncelikle, "Ben peygamber de olsam; katında âciz, çaresiz bir kulum ve benim ilahım, benim Yaradan'ım sensin" diyor Yunus Peygamber (as). Burada kulun kendini âciziyeti ve Rabb'ini yüceltmesi var.

Daha sonra ise, Allah'ı tüm hatalardan, noksanlıktan ayrı tutuyor. Rabb'ine karşı yüceltme ve hamd var, öyle değil mi? "Ben kulum" diyor, "Ben hata yapanım" diyor. Bir kabulleniş var...

Daha sonra da, "Ben nefsime zulmettim" diyor Yunus Peygamber (as). Burada hatayı yine kabulleniş var. "Ben hata yaptım, sözünden çıktım, yanlışa saptım" diyor. Pişmanlık var, öyle değil mi?

Ve Allah teâlâ (cc), bu dua üzerine Yunus Peygamber'i (as) affediyordu...

Şimdi duayı izleyebildin mi? Bizim duamıza hiç benziyor mu? Biz ne yapıyoruz: Allah'ım bana şunu ver bunu ver, hemen ver; sonra da niye vermiyorsun!

Şimdi bu dua mı yoksa bu bir pazarlık mı? Tövbe!

Yakub Peygamber'in (as) duası nasıldı, anımsayalım mı:

"Ben tasa ve üzüntümü ancak Allah'a arz ederim." (Yusuf Sûresi, 86. Âyet)

Ve Allah (cc) Yakub Peygamber'in (as) duasına cevap veriyordu.

Burada bizim bildiğimiz gibi, bana şunu ver, diye bir çağrı, istek var mı?

Elbette yok. Peki, ne var?

"Ben dertliyim" diyor, "Tasam çok" diyor. "Sıkıntım var ve ben bu sıkıntımı, bunalım halimi, ne derdim varsa Allah'a, beni Yaradan'a, Tek İlah olan Rahman'a arz ederim; yani, bırakıyorum" diyor.

Yani koca peygamber bile derdini Allah'a arz edip sunuyorken, bizim ne haddimize hesap sormak!

Biz Allah'a emanet edemiyoruz ki, biz sabırsızlıktan şeytanın oyununa gelip çılgına dönüyoruz!

Bakın peygamberlere duada teslimiyet var. Duayı emanet ediyorlar Allah'a. Ötesini bırakıyorlar, ötesine karışmayınca da dua kabul olmuş hep... İşte sana demek istediğim bu. Dua et ve ötesini bırak...

Peki, Peygamberimiz Hz. Muhammed (sav) nasıl yakarıyor Allah'a?

Beraber tefekkür edelim mi yine:

"Allah'ım! Âcizlikten, tembellikten, korkaklıktan, cimrilikten, yaşlılıktan, katı kalplilikten, gafletten, düşkünlükten, zilletten kuşkusuz sana sığınırım. Fakirlikten, küfürden, fâsıklıktan, ayrılık ve ihtilaftan, nifaktan, gösterişten ve riyadan sana sığınırım. Sağırlıktan, dilsizlikten, delilikten, cüzamdan, alaca hastalığından ve kötü hastalıklardan sana sığınırım."

Yine aynı şekilde:

"Allah'ım! Fayda vermeyen ilimden, işitilmeyen ve kabul olmayan duadan, doymayan nefsten ve ürpermeyen kalpten yalnız sana sığınırım.

Allah'ım! Kuşkusuz ben tembellikten, yaşlılıktan, günah işlemekten, borçlanmaktan, kabir fitnesinden ve azabından, cehennem fitnesi ve azabından, zenginliğin fitnesinin şerrinden sana sığınırım. Fakirliğin fitnesinden kuşkusuz sana sığınırım. Deccal'ın fitnesinden kuşkusuz sana sığınırım."

Başka bir duada ise:

"Allah'ım! Senin gazabından rızana, cezandan affına sığınırım; senden yine sana sığınırım. Seni gerektiği gibi asla övmem. Sen kendi nefsini övdüğün gibisin.

Allah'ım, sen benim Rabb'imsin, senden başka ilah yoktur. Beni yaratan sensin ve ben senin kulunum. Gücüm yettiğince sana sığınırım. Üzerimdeki nimetini ve günahımı kabul ediyorum. Beni bağışla; çünkü günahları senden başka bağışlayacak yoktur."

Bakar mısın? Koca Peygamber Allah Resulü, âciziyetini kabul ederek Allah'a sığınmış. Duanın ötesine ermiş. Teslimiyet, bırakış... Kime bırakış: Allah'a bırakış...

Rabb'imiz bize o kadar merhametli ki, işte biz korkutulduğumuz için bu kadar uzak kaldık, sarılamadık...

Yine bir gün, İki Cihan Güneşi Sevgili Peygamber Efendimiz (sav), saadet meclisinde oturuyordu. Mescide bir esir grubu getirildi. O sırada Allah Resulü (sav), bir kadının yana yakıla bir şeyler aradığını gördü. Kadın yakaladığı her çocuğu sinesine basıyor, kokluyor sonra bırakıyordu.

Sonra kendi yavrusunu buldu, bağrına bastı. Doymak bilmeden onu öpüyor, kokluyor, tekrar bağrına basıyordu. Allah Resulü (sav) bu manzara karşısında iyice doldu. Hıçkıra hıçkıra ağlayarak parmağıyla yanındakilere kadını işaret ederek gösterdi ve "Şu kadını görüyor musunuz" dedi.

Sahabe cevap verdi: "Evet Yâ Rasulallah!" Allah Resulü (sav) tekrar: "Bu kadın şu kucağındaki çocuğunu cehenneme atar mı" diye sordu. Sahabe, "Hayır Yâ Rasulallah" karşılığını verdi. Ve işte bunun üzerine Efendimiz (sav), şu hikmet dolu sözleri söylüyordu: "Allah o kadından daha şefkatlidir, kullarını cehenneme atmak istemez."

Ve benim tüm niyetim, kulun bu şekilde teslimiyet, samimiyet ve sevgi ile Rabb'ine yönelmesi adınadır.

Buna vesile olabilirsem ne mutlu...

Bir kitabımızın sonuna daha geldik... Rabb'im nasip ederse, bundan sonra *Nur Terapisi* isimli kitabı yazabilirim. Bu kitabı okuman da bir tesadüf değildi, duaların sonucu Rabb'im bir şekilde tevafuk kıldı ve eline geçti.

Belki de bir arkadaşın önerdi ya da hediye etti...

Her ne olursa olsun Allah'ın sesine kulak ver ve

**"Sakın ümidini kesenlerden olma."**
(Hicr Sûresi, 55. Âyet)

***O halde, ALLAH DE ÖTESİNİ BIRAK***